한 걸음 뒤의 세상

'후퇴'에서 찾은 생존법

撤退論−歴史のパラダイム転換にむけて

TETTAIRON Copyright © Tatsuru UCHIDA, Shingoro HOTTA, Kohei SAITO, Satoshi SHIRAI, Kou NAKATA, Kentaro IWATA, Shimpei AOKI, Masafumi GOTO, Kazuhiro SODA, Itaru WATANABE, Mariko WATANABE, Oriza HIRATA, Toru NAKANO, Chizuru, MISAGO, YOO Byung Kwang, Katsumi HIRAKAWA 2022
Original Japanese edition published by SHOBUNSHA Co.,Ltd.Tokyo, Japan
Korean translation copyright © 2024 Esoope Publishing.
Korean edition is published by arrangement with SHOBUNSHACo.,Ltd. through AMO Agency.

한 걸음 뒤의 세상

'후퇴'에서 찾은 생존법

글쓴이 우치다 타츠루 외

옮긴이 박우현

아 ㅅ
ㅛ

안녕하세요. 우치다 타츠루입니다.

이번에는 '후퇴'를 주제로 책을 엮었습니다. 이 책을 엮기 위해 필진에게 보냈던 원고 의뢰문은 다음과 같습니다. 이번 책의 출간 취지를 이해하는 데 도움이 되리라 생각합니다.

여러분 안녕하세요. 우치다 타츠루입니다.

쇼분샤의 안도 사토시 씨를 경유한 저의 편지를 보고 '아, 또 원고 청탁인가?'라고 생각하셨을 겁니다. 네. 생각하신 그대로입니다. 이번에는 '후퇴에 대하여'라는 주제입니다. 우선 편집 취지를 설명하겠습니다.

얼마 전 나라현립대학 주최로 '후퇴학' 심포지엄이 있었습니다. 주최 측을 대표해 동 대학의 홋타 신고로(堀田新五郎) 선생은 '지금, 후퇴적 지성의 필요성을 묻는다'로 발제를 맡았습니다. 이어서 저와 미즈노 가즈오(水野和夫) 선생이 강연을 이어갔고 그 후 전체 토의가 있었습니다. 어떤 논의가 이뤄졌는지 상세하게 전할 수는 없지만, 앞으로 일본의 '후퇴'란 어떤 모습일지 대학이 문제를 제기했다는 점은 높이 평가할 만하다고 생각했습니다.

왜 그런가 하면, 국력이 쇠퇴하고 보유한 국민자원이 감소하는 지금이야말로 '후퇴'는 긴급한 의제일 텐데 **많은 사람이 논의를**

기피하는 것처럼 보이기 때문입니다. 후퇴하는 일본을 앞으로 어떻게 해야 할지 논의하거나 중지를 모으는 움직임이 약합니다.

현재 여러 지표가 일본 국력이 떨어지고 있음을 말해줍니다. 한 나라의 국력이 향상하거나 저하하는 일은 흔히 있는 일입니다. 역사를 되돌아봐도 전혀 드문 일이 아니죠. 로마제국이나 몽골제국은 물론 대영제국도 흥망성쇠가 있었습니다. 딱히 놀랄 것도 없고 그렇다고 분노하거나 슬퍼할 필요도 없습니다. 숙연하게 그 사실을 받아들일 수밖에 없습니다.

그렇지만 '국력 저하에 어떻게 대처해야 좋을까'라는 논의 자체를 꺼리는 것은 흔한 일이 아니죠. 그것은 이상한 일입니다.

병에 걸리는 건 흔한 일입니다. 그런데 병이 나면 원인이나 증상, 치료법을 찾아야 합니다. 아픈데도 "병이 난 걸 얘기하고 싶지 않다."라고 하면 병세만 심해질 뿐이죠. 이상한 대응 방식입니다. 지금 일본이 바로 그렇게 보입니다.

오늘날 일본 정부 안에는 국력 저하의 현황을 주시하면서 원인을 찾거나 효과가 있는 대책 마련에 힘을 기울이는 부처가 없습니다. 개별적으로는 소자화[1]에 어떻게 대응한다거나 어떻게 경제를 성장하게 할 것인지, 어떻게 해야 군사력을 높일 수 있을지 같

---

1) 소자화(少子化)란 인구 감소 흐름 안에서 특히 저출생으로 아이의 수가 적어지는 현상을 일컫는다.

은 적극적 정책 논의는 이뤄지고 있지만, 전반적 추세로는 국력 쇠퇴 현황과 미래를 종합적·입체적으로 검토하는 부처는 존재하지 않습니다.

제가 말하는 '후퇴'란 구체적으로 말해 국력이 쇠퇴하는 현실에 적절하게 대응하는 일을 의미합니다. 여위어서 뱃살이 들어가면 벨트 구멍 하나를 조이거나 추울 때 옷을 두껍게 껴입는 것처럼 매우 본능적이자 계량적 문제입니다. 그런데도 제도적 후퇴 방안 마련을 기피하고 있습니다. 왜 그럴까요?

후퇴를 논의하는 기관이 존재하지 않는 이유 몇 가지를 알 것 같습니다. 첫 번째로 '일본의 국력은 딱히 쇠퇴하지 않았다. 일본의 시스템은 순조롭게 기능하고 있으니 보완 또는 개선할 필요가 없다'는 사고방식을 고수하는 사람이 국정을 담당하고 있는 까닭입니다.

시스템을 보완하고 개선하는 일은 시스템에 하자가 있다는 사실을 인정해야 시작할 수 있습니다. 그러나 현재 일본 위정자들은 '실정은 절대로 인정할 수 없다'는 입장을 지금껏 굳세게 지켜왔습니다. 아울러 '잘못은 결코 없었다'는 태도를 견지함으로써 장기집권을 이어왔습니다. 절대로 실패를 인정하지 않는 방식이 성공 체험으로 기억돼 있다 보니 고집을 부리고 있습니다.

후퇴를 둘러싼 논의가 이뤄지려면 지금까지 채택해 온 정책의 적합성 여부를 면밀하게 검토해야 합니다. 어떤 정책이 성공했고, 어떤 정책이 실패했는지를 곱씹지 않고서는 논의를 시작할 수 없습니다. 그렇지만 현재 지도층 인사들은 '그것만은 절대 할 수 없다'는 태도를 견지합니다.

두 번째 이유는 조금 복잡합니다. 제가 볼 때 위정자 스스로도 '일본은 점점 쇠퇴하고 있다'는 현실을 객관적 사실로 인정하고 있습니다. 원인도 파악했으며 대응책까지도 마련했습니다. 그러나 그러한 시나리오를 국민에게 공개할 의사가 없는 것입니다. 다시 말해 국력 쇠퇴 사실 자체를 은폐하고 있습니다. 저는 이러한 가능성에 무게를 더 두고 있습니다.

지금 일본 위정자들의 지성과 윤리성을 말하자면 저는 그다지 높은 점수를 줄 수 없습니다. 다만 그들의 수준이 아무리 떨어진다고 해도 현재 일본 국력 증강은 계속되고 있다는 치명적 착각에 빠질 정도는 아니라고 생각합니다. 그 정도는 알고 있을 겁니다. 더구나 그렇게 된 원인 대부분이 과거의 실정에서 비롯된다는 것도 알고 있을 겁니다. 지금 풀어야 할 긴급한 정치적 과제가 '감소하는 국민자원을 누구에게 어떻게 분배할 것인가'라는 것도 잘 알고 있습니다.

따라서 당연히 그들 나름대로 이미 후퇴 전략을 구상하고 있습니다. 그 정도의 지혜마저 없다면 정권을 담당할 수 없겠죠. 그러나 그러한 구상을 공식적으로 공개할 생각이 없어 보입니다. 그렇다는 건 **국민자원 분배가 꽤 불공정하게 계획돼 있다는** 얘기가 아닐까요? 저는 그렇다고 봅니다.

지도층으로 불리는 그들이 지금까지 보여준 사고와 행동 패턴으로 미뤄보면 자원 배분은 신자유주의적 선택과 집중이 더욱 철저하게 실현되어 '강자가 모든 자원을 독점하고, 약자는 버린다'는 결과에 이를 것으로 생각합니다. 이것 말고 다른 해법을 찾기 위해 지혜를 짜낼 정도의 윤리성을 일본 지도층이 갖고 있다고 기대하지 않습니다.

그러나 강자 독식이라는 후퇴 전략을 코로나19 팬데믹을 비롯한 인플레이션 그리고 빈곤으로 고통받는 사람이 많은 이 시기에 공개한다면 국민적 공분을 사게 될 것입니다. 실제로 유권자가 분노하면 정권 유지는 어렵습니다. 그래서 지금은 가슴속에 잠시 묻어두고 잠자코 있습니다.

이처럼 정부는 어떠한 국민적 논의도 거치지 않은 채 후퇴 계획을 이미 짜놓았고 계획대로 착착 실행하고 있다고 생각합니다. 그러다 어느 날 '돌아올 수 없는 강(point of no return)'을 넘어선 순간, 다시 말해 정부 주도의 후퇴 계획 말고 다른 선택지가 사라지면 "일본은 침몰하고 있습니다. 살아남으려면 이제 이 방법 말고는 없습니다."라면서 손안에 든 패를 까 보일 테죠. 그런 시나리오가 진행 중이라고 봅니다. 그것이 어떤 시나리오인지는 별도로 정리할 생각입니다.

저의 글쓰기 방식이 지나치게 비관적이고, 일본의 쇠락을 적잖이 과장해서 표현하는 게 아닌지 의심 어린 눈으로 바라보는 분이 있으리라 생각합니다. 하지만 일본의 미래를 낙관할 여지는 정말로 사라졌습니다.

국력 쇠퇴를 알 수 있는 여러 지표가 있습니다. 그중에서 가장 객관성이 높고 오차가 적은 지표는 인구 조사 자료입니다.

일본의 총인구는 2004년을 정점으로 계속 줄어들었습니다. 21세기 말에는 메이지(明治) 시대 러일전쟁 전후 수준까지 감소할 것으로 예측합니다. 인구 추이 도표를 보자면 1900년대부터 2000년까지 늘어난 수치만큼 2100년까지 줄어들면서 그래프 상으로 깔끔한 좌우대칭의 산형(山形)을 그리고 있습니다. 구체적으로 들여다보면, 2100년의 인구 예측은 고위 추계로 6,407만 명, 중위 추계 4,771만 명, 저위 추계 3,770만 명입니다(총무성 홈페이지). 현재 1억 2,600만 명으로 중위 추계로도 지금부터 80년 사이에 7,000만 명 이상이 줄어들었다는 계산이 나옵니다. 연간으로 따지면 90만 명. 매해 현 하나씩 사라지는 속도입니다.

해외로부터 이민자를 받아 인구 감소분을 보충하자는 의견이 있을지도 모르겠습니다. 현재 일본 거주 외국인은 고작 290만 명인데 팬데믹 이후로 이주자 수는 급감하고 있습니다. 더구나 외국인 기능 실습생을 향한 폭행 사건이나 입국관리국의 인권 침해 사례가 드러나고 있듯이 일본 사회는 이방인을 받을 능력이 애처로

울 정도로 떨어집니다. '다양성과 포용'이라는 기치를 내걸고는 있지만, 오늘날 일본인은 인종·국적·언어·종교·문화 등이 다른 '타자'와 공생할 수 있는 시민적 성숙에 이르지 못했습니다. 아니 애초에 그런 시민의식이 긴급하게 필요하다는 국민적 합의조차 없었습니다. 이런 상황에서 인구 감소를 이민으로 채우는 일이 과연 가능할지 모르겠습니다.

일본 국력이 쇠퇴하는 가장 큰 원인은 인구 감소와 고령화에 있습니다. 미봉책으로는 절대로 해결할 수 없죠. 앞으로 인구 감소와 고령화는 변수가 아니라 디폴트 값으로 받아들여야 합니다. 또한 앞으로 똑같은 일이 많은 선진국에서도 일어납니다. 2027년에는 중국 인구가 정점을 찍은 후 해마다 500만 명씩 줄어드는 속도로 인구 감소 국면에 접어듭니다. 일본에 비할 속도와 규모가 아니죠.

현재 중국의 중위 연령은 37.4세로 미국과 같지만, 2040년이 되면 현재 일본 수준인 48세까지 올라갑니다. 한국도 2019년 5,165만 명을 찍은 후 감소 국면으로 돌입했습니다. 2065년에는 고령화 비율도 46%에 달해 일본을 제치고 OECD 가맹국 중에서 최고령 국가가 됩니다. 이처럼 세계 어디든 사정은 크게 다르지 않습니다.

하지만 일본이 세계에서 가장 먼저 최고령 국가 단계에 진입할 것입니다. 따라서 '아이가 태어나지 않는 노인뿐인 나라'라면 어떤 제도를 마련해야 사람들이 나름대로 풍요롭고 행복하게 살아갈 수 있을지 **일본은 세계에 모델을 제시할 의무가 있다고** 생각합니다. 다른 문제는 차치하더라도 "일본이 후퇴 전략만큼은 피해를 최소화해 연착륙에 성공했다."고 세계에 알리고 싶습니다. 그러나 지금 이대로라면 일본은 세계에 도움은커녕 후퇴에 실패해 전철을 밟아서는 안 되는 사례로 남겠죠.

원고 의뢰를 한다는 게 말이 길어졌네요. 이만 줄이겠습니다. 지금까지 논한 현상 인식을 염두에 놓고 자유롭게 '후퇴'를 논해 주시길 바랍니다. 물론 현상 인식이 저와 다른 분도 계시리라 생각합니다. "후퇴 따위 필요 없어." 같은 주장도 당연히 환영합니다. 기고자 모두가 가능한 한 자신만의 척도로 다양한 시선을 담아 이 문제를 자유롭게 풀어 주셨으면 좋겠습니다. 그럴수록 독자에게 더욱 유익함을 전할 수 있을 겁니다.

모두 바쁘신 와중이라 시간을 내기가 어려울 수도 있고, 편집 취지와 맞지 않을 수도 있을 겁니다. 그런 경우 언제든 부담 갖지 마시고 거절 의사를 밝히셔도 괜찮습니다. 긴 편지 끝까지 읽어주셔서 감사합니다. 간곡한 마음으로 여러분의 협조를 부탁합니다.

2021년 10월
우치다 타츠루

이것으로 이 책의 취지를 충분히 이해가 됐겠지만 한 마디만 덧붙이겠습니다. 대학 재직 시절 '리트리트(retreat)'라는 말을 종종 들을 수 있었습니다. '퇴수회(退修会)'라고 번역해 쓰는데 영어사전을 찾아보니 리트리트는 확실히 '정양(静養)[2]' 또는 '정사(静思)[3]'라는 의미가 있었습니다. 일상을 벗어나 차분한 환경 속에서 영성을 충만히 하는 시간을 갖는 걸 말합니다(저는 몰랐습니다만).

내가 몸담았던 대학은 미션스쿨이라 채플 시간이 끝나면 종일 분과별로 '우리 대학은 무엇을 위해 존재하는가?'를 놓고 학교가 설립 이념에 맞게 잘 가고 있는지 검증하곤 했는데 그 모임이 '퇴수회'였습니다.

이 책에는 후퇴를 바라보는 다양한 시선이 담겨 있습니다. 작은 바람이 있다면 우리의 작업이 조용히 생각할 기회가 됐으면 합니다. '우리가 살아가는 이 공동체는 무엇을 위해 존재하는가?'라는 근원적 질문을 마주하면서 말입니다.

또한 그런 사색의 과정은 쉽지는 않겠지만 서로 목소리를 높이는 소모적 논쟁이 아니라 가능하면 고요하게 이뤄졌으면 합니다. 수록한 모든 논고는 필자의 노력이 담긴 글로 식견을 넓힐 수도 있고 때로는 가슴을 에는 순간도 있으리라 생각합니다. 독

---

2) 조용한 곳에서 몸과 마음을 다스리는 일. 한국에서는 주로 '피정(避靜)'이라고 쓴다.
3) 찬찬히 생각함.

자 여러분은 모쪼록 '정사'의 자세로 하나하나 천천히 읽어주셨으면 합니다. 한 꼭지의 글을 읽고 나면 바로 다음 장으로 넘어가기보다는 커피 한 잔을 마시거나 산책하기를 권합니다. 잠시 여유를 두면서 읽었던 문장을 가슴에 새기는 시간을 갖는다면 좋겠습니다. 그럼 잘 부탁드립니다.

2022년 1월
우치다 타츠루

목차

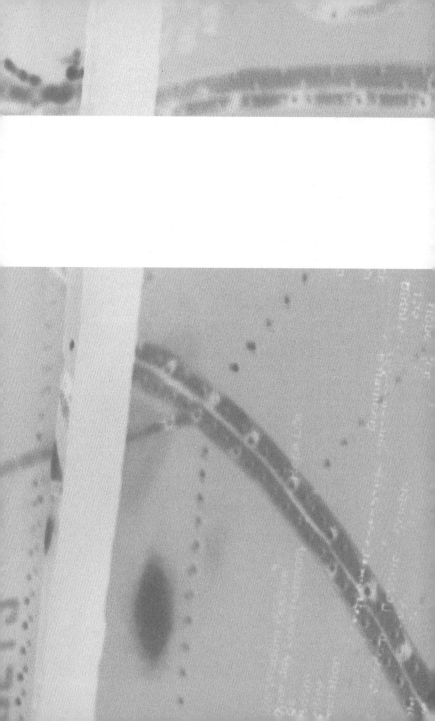

제1장

—

역사의 분기점에서

후퇴는 지성의 증거
– 후퇴학의 시도

홋타 신고로(堀田新五郎) | 정치사상가

여러 분야의 연구자와 함께 '후퇴학' 연구 프로젝트를 시작했다. 여기서는 먼저 연구 동기와 목적 그리고 과제 및 약간의 전망을 제시하고자 한다.

1. 의문들

누구나 불안해하는 무언가가 있는데 아무도 그것을 주제로 삼아 고찰하지 않는다. 만약 이런 상황이라면 지성은 불안을 대상화하여 대응 과제로 제시할 필요가 있다. 오늘날 사람들이 빠짐없이 다루는 주제는 '지속가능성'이다. 지구 환경·지역사회·재정·사회보장·일자리 등 기존 시스템 전반에서 지속가능성 문제가 제기되고, 지속을 위한 처방전이 반복적으로 제시되고 있다.

그런데 누구나 불안감을 안고 있는데도 주제로 놓고 대상화하지 않은 채 방치한 문제가 있다. 다시 말해 지성이 지금 다뤄야 할 숨은 과제는 다음과 같은 의문이 아닐까. "잃어버린 10년은 잃어버린 20년이 됐고, 30년에 이르렀다. 도대체 언제까지 잃어버릴 예정인가?" "도쿄 일극 집중화의 폐해는 누구나 알고 있지만, 개선의 여지가 전혀 안 보이는 이유는 뭘까?" "지난 20년, 일본은 지역 활성화나 지방재생에 땀을 빼 왔다. 그런데도 지역은 여전히 쇠락하고 있다. 더욱 땀을 흘리는 게 중요할까?" "지금 필요한 건 지속 여부의 탐구가 아니라 곤란하더라도 후퇴를 모색하는 일이 아닌가?"

2019년 UN에서 열린 기후 행동 정상회의에서 그레타 툰베리의 발언이 화제가 됐었다. 그는 세계 정상이 쏟아내는 '공허한 발언'에 도전적으로 쏘아붙였다. "온통 돈이나 영원한 경제 성장 같은 꾸며낸 이야기뿐이다. 어떻게 그럴 수 있지!" 툰베리의 발언이 화제가 된 이유는 내용이 아니라 스타일에 있다. 16세 고교생은 모두가 어느 정도 알고는 있지만 입 밖으로 꺼내지 않는 문제에 거침없이 질타를 날린 것이다. 각국 정상은 차례로 처방전을 제시하며 약속했지만, 공허한 울림뿐 사태는 더욱 악화했다. 그럼에도 여전히 비슷한 처방만을 판박이로 내놓고 있다.

이러한 타성은 도대체 무엇일까? 언젠가는 돌이킬 수 없는 지점을 넘지 않을까? 그러니까 지금 생각해야 할 것은 다음은 무엇을 처방할지, 기존 처방은 왜 효과가 없었는지가 아니다. 바로 '타성' 그 자체이다. 합리적 판단으로는 지금까지 해온 방식을 멈추고 후퇴해야만 하는 상황임에도 처방전만을 돌리며 사람들을 떠미는 관성의 역학 말이다. 그것의 정체가 무엇이고, 그것이 작동하는 메커니즘을 해명해 후퇴의 조건을 밝히는 일이 지금 지성에게 요구되는 과제가 아닐까 싶다.

멀리서 소리가 들린다. 혹시 이 앞에 큰 폭포가 있는 걸까. 모두 불안해하지만, 보트는 계속 전진한다. 이런 광경을 되풀이하고 있다. 이대로라면 미국과 영국하고 전면전에 이르게 된다. 그러면 파국이다. 그런데도 왜 명백한 현실 앞에서 멈추지 않고 진주만 공습을 단행했을까. 사이판 함락으로 패배가 명확해졌음에도 왜 전쟁을 지속해 주요 도시를 초토화했을까.

현재 정부가 내세우는 목표연도에 기초재정 수지 흑자화를 달성할 수 있으리라 생각하는 사람은 (거의) 없다. 마찬가지로 인구 감소 지자체가 내거는 전출인구와 전입인구 차이를 없애겠다는 목표가 달성되리라고 믿는 사람도 (거의) 없다. 그럼에도 정부나 지자체는 똑같은 처방전 내놓거나 목표를 뒤로 미루는 일을 반복한다.

이쯤 되면 슬슬 생각할 때도 되지 않았을까? 왜 이런 현상이 이토록 반복되고 있는지 말이다. 지금 필요한 일은 지속가능성

확보를 위한 다음 처방전 마련이 아니라 사람들의 사고가 왜 지속이라는 방향으로 흐르는지, 그 메커니즘을 밝히는 것이다. 우리는 관성의 역학을 밝히고 지성으로서 후퇴를 논하려 한다. 재앙을 맞기 전 방향 전환을 이루는 일. 이것이 후퇴학의 목표이다.

지속가능성을 주창하는 사람도 현존하는 모든 것을 지속시키고 싶을 리가 없을 것이다. 중요한 것을 지속하기 위해서는 우리가 지금까지 해온 방식으로부터 후퇴하는 것을 배워야만 한다.

관성의 역학을 생각할 때, 신화 해석의 관점을 염두에 놓고 들여다봐야 한다. 지속불가능한 시스템, 후퇴해야 할 시스템을 지속시키려 할 때 정치인은 신화를 들먹이기 시작한다. '황군불패' '원전안전' '성장전략' '지방재생' '부흥 올림픽' 등. 누구나 이런 말들이 신화적 언설이라는 걸 어느 정도 알고 있는데도 공공연히 유통되고 퍼져나간다. 여기에 메스를 들이대지 않는 한 지성은 관성을 이길 수 없을 것이다.

2. 근대 시스템의 매력—관성의 역학이란

과제 선진국[1]이라고 말하듯 일본은 지금까지 인류가 경험하

---

1) 세계가 직면하게 될 과제(소자화, 고령화, 환경 문제 등)를 앞서 겪으며 해결책 마련의 선두에 선 나라.

지 못한 여러 문제에 봉착해 있다. 급속한 인구 감소, 지방 소멸, 미증유의 재정 적자, 장기 디플레이션, 사회보장제의 지속가능성, 기후 위기에 따른 재해 등. 이런 문제는 모두 생활 습관병과 닮아 있다. 지금까지의 가치관이나 라이프스타일을 근본적으로 바꾸지 않는 한 언젠가 파국을 면치 못할 것이다. 많은 사람이 이러한 불안을 안고 살아가지만 기존 방식을 바꾸지 못한다. 관성의 역학에서 벗어나지 못하고 있다. 그럼 여기에서 작동하는 관성이란 무엇일까?

우리 연구자 그룹은 그것을 근대 시스템, 특히 '자본주의와 테크놀로지'의 매력 속에서 찾고자 한다. 정토교 신자나 무슬림 또는 무신론자 모두 스마트폰으로 전자 결제를 한다. 당연히 편리하기 때문이다. 테크놀로지는 인간의 사상이나 신념에 상관없이 모두에게 편리함을 준다. 트럭은 마차보다 저비용으로 빠르게 대량의 물건을 운반할 수 있다. 여기서 트럭은 '형식·수단'이지 '실질·목적'은 아니다. 따라서 문화나 가치관 차이를 넘는 보편성과 타당성을 지닌다.

이에 반해 '아미타여래' 또는 '최후의 심판'을 믿거나 종교를 '집단 정신 질환'으로 여기며 부정하는 것 사이에는 넘지 못할 가치관의 벽이 존재한다. '실질·목적'이 문제가 되기 때문이다. 무슬림과 무신론자가 속죄와 내세와 관련해서 서로 동의하기는 어렵다. 하지만 마차보다 트럭, 우편보다 라인[2]이 편리하다는 점은 동의할 수 있을 것이다. 목적이 무엇이든 수단은 편리한 쪽이 좋다. 그러므로 정토교 신자나 무슬림, 무신론자 모두 아마존에서 물품을 주문하고 스마트폰으로 결제한다.

여기에 글로벌라이제이션의 비밀이 있다. 글로벌라이제이션은 대항해시대부터 지금에 이르기까지 서양 근대 시스템의 전 지구적 확산을 의미하며, 글로벌라이제이션을 견인하고 가속하는 것이 자본주의와 테크놀로지이다. 자본주의와 테크놀로지는 '실질·목적'을 문제 삼지 않기 때문에 세계로 퍼져나간다.

전근대 시기에 진리는 성전이나 칙령 안에 담겨 있었다. '옳음'은 모든 이를 구속하며 인간을 초월한 상위에 존재한다. 즉 '옳음'은 인간에게 부여된 가치였다. 이에 반해 근대에는 신을 죽이고 왕의 목을 베었다. 근대 시스템에서 '옳음'은 **인간 사이에 존재하며 경쟁 과정에서 도출된다.** 예컨대 테크놀로지를 지탱하는 근대 과학 체계에서 진리는 매개 없이 주어지지 않는다. (선험적 진리가 전제되지 않은) 명확한 시작이 있더라도 단지 가설로 남아 자유 경쟁한다. 모든 가설은 실험과 관찰에 따라 선별되고, 살아남아야 잠정적으로 (반증 가능성이 열려 있는) 진리로서 군림한다. 이처럼 오류를 매개로 시행착오 끝에 진리는 명백해진다.

---

2) 2011년 6월 23일에 출시한 네이버재팬 모바일 메신저 서비스

그러면 과학에 기초한 테크놀로지는 어떨까. 앞서 살펴봤듯이 목적에 충실한 수단 영역에 자리한다. 따라서 그 자체로서 양질의 테크놀로지는 존재하지 않는다. 가치는 목적과 관계성으로 규정하는데 범용성·비용·속도·분량에 따라 가늠한다. 이처럼 수단 영역에서는 양이 질을 규정한다고 할 수 있다. 예를 들어 최근 들어 자주 등장하는 슈퍼컴퓨터 '후가쿠(富岳)'를 놓고 이화학연구소는 "압도적으로 높은 성능(속도·양)과 낮은 소비전력은 물론 범용성을 갖췄다."고 말한다. 바로 후지산(富士山)처럼 높이(능력)와 규모(비용·범용성)를 겸비한 최신 테크놀로지로 칭송하는 것이다.

다음으로 자본주의를 들여다보자. 테크놀로지와 마찬가지로 고대 그리스 이후 경제는 기본적으로 수단 영역에 자리매김해 왔다. 확실히 선이나 '정의'가 그 자체로서 목적이 되는 것에 비해 재산은 그것으로 무엇을 하는지가 중요하며 재산 증식 자체를 목적으로 하는 일은 있을 수 있다고는 해도 본말전도나 다름 없다. 또한 과학이 가설의 자유 경쟁을 신뢰한다면 자본주의는 시장에서 상품과 가격의 자유 경쟁에 믿음을 두는 시스템이라 하겠다.

다시 말해 시장의 자유 경쟁을 이겨낸 물건=대량으로 판매된 물건이 잠정적으로 좋은 상품이 되며 결과적으로 모두가 구속받는 기준으로 자리 잡는다. 예컨대 윈도우95를 보자. 그전까지 일본어 워드프로세서 소프트웨어는 양질의 상품 여러 개가 존재했었다. 그러나 윈도우95가 시장에 나온 이후에는 편리성이 떨어지는 워드(Word)가 기준으로 자리 잡아 누구나 워드를 사용해야 하는 난처한 상황에 빠져버렸다. 교환가치(양)는 사용가치(질)를 능가한다. 거리에서 찻집을 밀어내고 커피조차 편의점 테이크아웃으로 해결하는 나날을 맞았다.

"태초에 말이 있었다." 즉 전근대 사회에서는 신이나 왕의 말만이 '옳음'이었다. 이것이 근대에 들어서 "태초에 경쟁이 있었다."가 됐다. 경쟁에서 이겨야 잠정적으로 '옳음'의 지위를 획득할 수 있으니 모두 서둘러야만 했다. 손자는 전쟁의 본질이 속도임을 간파했다. 경쟁 패러다임 사회에서는 속도가 승패를 좌우한다. 그래서 학생이나 교사, 회사원 또는 어린이까지 모두 매일매일 업그레이드를 재촉받는다. 누군가는 수능 준비로 누군가는 취업 준비로 또 누군가는 자금 확보 경쟁에 뛰어든다. 학점을 좋게 받고 졸업해야 취업에 유리하고 더욱 많이 벌기 위해서는 승진해야 한다. 이런 목표를 이루기 위해 끊임없이 자기계발을 한다(A for B for C for D for…). 사람은 항상 그다음, 그다음, 그다음, 그다음을 재촉받는다. 왜 현재를 살지 않고 미래를 살려고 할까? 살아간다는 건 지금을 살아간다는 말인데 근대 이후 사람들은 다시는 경험하지 못할 지금 이 순간의 '차 맛을 음미'(A for A)

하는 게 아니라 예컨대 미래의 건강을 위해 마신다.

이런 도착(倒錯)은 근대사회 곳곳에서 나타난다. 지난 150년 동안 위대한 사상가 치고 근대 들어 나타난 '수단의 자기목적화', 즉 '종'이어야 할 재화나 기술이 '주'로 역전된 현상을 비판하지 않은 사람은 없었다. 저마다 나름대로 근대 극복을 시도했다. 결과적으로 근대에 도전장을 던진 마르크스주의, 파시즘, 원리주의 등은 모두 물러난 반면, 자본주의와 테크놀로지는 가속화를 이어가고 있다. 왜 그렇게 강력한 걸까? 이 질문에 답하기 위해 다음의 두 가지 가설을 제시하고자 한다. ①자본주의와 테크놀로지는 위기를 자양분 삼아 나아가는 운동이다. ②위기를 자양분으로 넘어서는 운동이야말로 인간의 쾌락을 자극하는 게임이다.

근대 시스템이 경쟁 패러다임으로 일관돼 있다는 이야기는 평상시보다 유사시, 안정보다 위기 상태가 경쟁을 부추기고 시스템을 활성화한다고 봐도 무방하다. 정치·경제·테크놀로지의 폭주로 전쟁·버블 붕괴·환경 파괴는 반복해 왔다. 목소리 높여 수 차례 성숙 사회나 정상(定常) 경제,[3] 슬로라이프, 로하스의 가치를 강조해도 사람들이 시스템 후퇴를 선택하는 일은 없었다. 근대는 여명기부터 지금에 이르기까지 항상 비판을 내재한 채

---

3) 성장보다는 지속을 지향하는 경제로 항상성이 중요하다.

질주를 계속해 왔다. 예컨대 환경 파괴는 지금까지의 삶의 방식을 바꿔야 한다는 걸 보여준다.

하지만 자본주의와 테크놀로지는 혁신의 기회로 받아들이고 시스템 업그레이드로 나아가지, 결코 후퇴하지 않는다. 지금 '탈탄소 사회'라는 말은 유행어처럼 번지고 있다. 그러나 삶의 방식을 진지하게 되돌아보거나 근대 시스템에서 벗어나려는 의지는 느껴지지 않는다(표피적 반성이야 항간에 넘치지만).

'그린 뉴딜'은 화석 연료에서 자연 에너지, 가솔린차에서 전기차·수소차로 발 빠르게 전환해 다음 스테이지의 이윤 획득 게임에 온갖 국가와 기업이 뛰어드는 '그린 버블' 양상을 띠고 있다. 모름지기 근대인은 시스템에서 후퇴하지 않고 오히려 가속으로 위기 모면을 꾀한다. 새로운 기술은 다음 스테이지에서 반드시 새로운 위기를 낳는다. 자본은 한순간도 쉬지 않고 기꺼이 새로운 위기에 덤벼든다. 이것을 자본주의와 테크놀로지의 매력으로 봐야 할까? 사실 이런 시스템은 「소년점프」[4]나 RPG 게임 세계와 유사하다. 스테이지를 갱신할 때마다 더 강력해진 새로운 빌런이 등장한다. 다양한 신무기와 혁신 전략을 구사해 라이벌과 경쟁하거나 때로는 협력한다. 연대하여 지혜를 짜내고, 용기를 내고 테크닉을 사용해 스테이지를 클리어 해나가는

---

4) 일본 슈에이샤에서 발행하는 주간 만화 잡지.

것이다.

상황이 이러하니 재미없을 수가 없다. 이처럼 자본주의와 테크놀로지는 인간의 쾌락에 부합하는 게임이라고 볼 수 있다. 더구나 최종 빌런은 존재하지 않아 영원히 계속되는 게임에 무조건 빠져들고 만다. 이것이 바로 '관성의 역학'의 정체이지 않을까? 그렇다면 어떻게 해야 할까?

3. 전망

"지금 시대는 아직 인류가 경험하지 못한 위기를 앞에 두고 있다.""새로운 단계로 진입하려는 대전환기를 맞고 있다." 조심스럽게 꺼내는 말이지만 이런 언설이야말로 근대, 다시 말해 '위기를 자양분 삼아 넘어서는 운동' 특유의 수사라 할 수 있다. 스테이지를 갱신하기 위해 혁신을 고무하는 것이다. 그리고 보면 '근대 극복'이라는 발상 그 자체가 근대적 사고방식일지도 모르겠다. 여하튼 오늘날 거국적으로 혁신의 대합창이 요란하다. 그런데 혁신은 자유로운 발상에서 나오는 것일 텐데 마치 할당량처럼 혁신을 재촉한다면 그것 또한 도착이 아닐 수 없다. 그렇게 스트레스를 주는 환경에서 시대를 바꿀 정도의 아이디어가 나올 리 없다. 빈곤하면 무뎌진다고 했듯이 말이다.

지난 30년간 정체를 지속해 온 일본은 앞으로 인구 감소와 초고령화가 더욱 가속화할 것이고 세계를 움직일 신기술 개발은 요원해 보인다. "혁신!"을 외치면서 가라앉는 모습이다. 정말로 그렇게 될지 모르겠다. 여하튼 인구 감소는 거의 돌이킬 수 없는 기정사실이다. 또한 젊은층을 중심으로 일본 사회에 '체념의 공기'가 전반적으로 감돌아 떠오르는 태양의 에너지를 느낄수 없기 때문이다.

그런데 어쩌면 체념의 공기는 근대 시스템을 벗어날 조짐이 아닐까 싶다. 아베노믹스 최대의 공헌은 세 번째 화살[5](성장전략)이 과녁을 벗어난 것을 만천하에 드러낸 데 있다. 특기가 '막무가내식 몰아치기'밖에 없는 정권인데도 디플레이션도 극복하지 못했고, 경제 성장도 이루지 못했다. '급격한 우상향'을 보였던 인구 증가와 경제 성장이 '근대' 최대의 특징이라고 본다면, 놀랍게도 우리는 이미 근대를 벗어났다. 그렇다면 근대는 '극복' 대상이 아니라 '벗어난' 것으로서 되돌아봐야 할 대상이 아닐까? 인구의 '급격한 감소'라는 냉혹한 현실이 그 조짐이었다고 생각한다.

언젠가 일본은 가속화하는 자본주의와 테크놀로지로 스테이지를 갱신하려는 흐름과 체념하는 분위기로 양극화할 것이다.

---

5) 고 아베 신조 총리는 2012년 취임하면서 '세 개의 화살'을 준비했다. 금융 완화, 재정 확대, 그리고 성장 전략이 그것이다.

내가 시도하는 후퇴학은 후자 쪽에 기대면서 동시에 깊은 생활 습관병을 앓고 있는 일본의 회복을 목표로 한다. 지면 관계상 보다 구체적 전망은 논문집 「후퇴학 선언 I (문제편), II (해답편), III (전망편) – 호모사피엔스, 그 이름값까지 앞으로 한 걸음」을 참고하기 바란다.[6]

---

6) 나라현립대학 지역창조연구센터 후퇴학 연구 유닛에 접속해 '후퇴학'을 검색하면 찾아볼 수 있다.

후퇴를 위한 두 가지 시나리오

우치다 타츠루(内田樹) | 사상가·무도인

1. 우리가 직면한 네 가지 문제

우리는 지금 팬데믹, 기후 위기, AI 도입에 따른 고용 환경 변화 그리고 인구 감소라는 네 가지 문제에 직면해 있다. 그 밖에도 미·중 대립이나 테러, 인종 차별을 비롯한 젠더 갈등 등 위기 상황을 열거하자면 끝이 없지만 일단 큰 문제는 위 네 가지로도 벅차다.

팬데믹에 대해 확실히 알고 있는 사실은 팬데믹은 앞으로도 계속 인류를 덮칠 것이라는 점이다. 21세기를 맞으면서 사스(SARS·중증급성호흡기증후군), 신종 인플루엔자, 메르스(MERS·중동호흡기증후군) 그리고 코로나19 이렇게 네 번의 팬데믹이 있었다. 숙주는 새, 낙타, 돼지, 박쥐 등 다양하다. 야생 동물과 인간의 접촉 기회가 있는 한 인수 공통 감염병은 사라지지 않을 것이다. 다시 말해 팬데믹을 '손절' 하기는 당분간 어려워 보인다.

우울한 이야기지만 상대는 바이러스다. 바이러스란 '단백질에 둘러싸인 불행한 정보'라고 한다(생물학자 피터 메다와(Peter Medawar)가 한 말이라고 나카노 도오루(仲野徹) 선생이 알려줬다). 딱히 인간에게 벌을 주려거나 삶의 방식을 고치게 하려는 교화 차원의 의도가 있어 감염과 변이가 이뤄지는 것이 아니다. 되도록 감염되지 않도록, 감염되더라도 중증화를 막는 일 말고는 우리가 할 수 있는 건 없다.

기후 위기와 AI 도입에 따른 고용 환경 변화와 관련해서는 많은 사람이 발언하고 있으니 나까지 덧붙일 필요는 없어 보인다. 여기서는 인구 감소라는 주제에 집중하고자 한다. 머리말에서 언급했듯이 일본인에게 인구 감소는 긴급 상황이다.

그 밖의 중요한 문제와 관련한 해결책은 전 세계 현자가 지혜를 짜내고 있지만, 일본 인구 감소가 가져올 사회 변동과 대처 방식에 대해서는 **누구도 우리를 대신해 마련해주지 않는다**. 따라서 다음과 같이 '후퇴 상황에서 인구 감소는 어떻게 대처할 것인지'를 놓고 개인적 의견과 제현의 논의를 덧붙여 '보완책'으로 제출하고자 한다.

2. 집중과 분산, 두 개의 시나리오

인구 감소에 대처할 수 있는 정책 시나리오는 '집중' 혹은 '분산' 두 가지밖에 없다. 나라 안에 인구 과밀 지역과 과소 지역을 만들거나 전국 방방곡곡에 조금씩 광범위하게 흩어져 살아가거나 둘 중 하나다. 현실적으로는 그 중간 어디쯤 정착한다 해도 원리적으로는 두 가지밖에 없다.

그러나 문제는 두 가지 시나리오를 놓고 어느 방식이 적절한지 국민적 논의가 이뤄지지 않은 점이다. 앞으로 우리는 어떤 사회를 지향해야 할지 논의도 없이 이미 수도권 자원 집중이 진행되고 있다.

공정하지 않은 일이 벌어지고 있다. 미래 일본의 모습이 그려진다. 정치인이라면 이런 사안을 논의 테이블에 올려놓고 국민적 합의에 이를 수 있도록 노력하는 모습 정도는 보여야 하지 않을까. 그런데도 그런 논의는 어디에서도 찾아볼 수 없다. 반면 올림픽이나 엑스포, 카지노나 자기부상열차처럼 도시를 위한 자원 집중에는 예산을 물 쓰듯이 투입하고 있다.

물론 지방으로 자원을 분산하는 정책이 전혀 없는 건 아니다. '콤팩트 시티 구상'이나 '스마트 시티 구상' 또는 '디지털 전원도시' 같은, 겉으로만 요란한 구상이 논의되고 있다. 하지만 결국 어느 것이든 자원은 지방 도시에만 집중시키고, 그 외 산간 마을 지역은 과소화시키거나 더는 사람이 살아갈 수 없도록 만드는 시나리오다.

과소 지역을 포기하고 지방 도시에 자원을 집중한다는 이야기는 얼핏 합리적 해법처럼 들린다. 일본 각지의 촌락은 초고령화와 초저출생으로 소멸해가고 있다고 한다. 그런 지역에 대중교통 인프라를 마련하거나 행정 서비스를 갖추는 일은 '행정 예산 낭비'라는 주장이 예전부터 제기되어 왔다.

3. 어느 시골 중학생의 불안

일전에 긴키[7] 지방 어느 현에서 중학생들이 나를 찾아온 적이 있다. 첫 질문은 "우리 현내 인구 소멸 지역에서는 행정 서비스가 점차 사라지고 있습니다. 과소 지역에 사는 현민은 도시에 사는 현민보다 푸대접받는 게 당연한 걸까요?"였다. 아이가 마음속으로는 '그래도 되는가?'는 의문을 품은 게 느껴졌다.

모든 주민은 거주지에 상관없이 동등한 행정 서비스를 받을 권리가 있다. 그것이 지방자치제의 원칙이어야 한다. 물론 분배

---

7) 긴키(近畿)는 일본 혼슈의 서쪽 교토부, 오사카부, 효고현, 나라현, 와카야마현, 미에현, 시가현 등 2부 5개 현을 지칭하는 말. 이 중에서 미에현을 제외하고 간사이로 통칭하기도 한다.

가능한 행정 자원에는 한계가 있기에 원칙대로 잘되지는 않는다. 하지만 원칙은 원칙이다. 현실적으로 다른 해결책을 찾는다 해도 원칙에서 벗어나는 일이다. 내가 이처럼 답하자 그제야 질문한 학생은 안도의 표정을 지었다.

"과소 지역에 사는 건 당신이 선택한 일이다. 앞으로 당신 주거지에 대중교통이 사라지고, 경찰서, 소방서, 병원, 학교 등이 문을 닫을 텐데 그런 불편은 과소 지역을 선택해 살아가는 당신 책임이니 스스로 감내해야 한다."는 말은 공무원이 할 소리가 아니다. 개인의 선택과 인구 동태는 거의 관계가 없다. 개인의 노력으로 통제할 수 없는 사회 현상을 개인에게 책임을 미루는 일은 어불성설이다.

그렇지만 그 중학생의 질문은 '언젠가 행정은 과소 지역을 잘라낼 것'이라는 불안이 이미 아이들에게까지 짙게 깔려 있음을 보여준다. 실제로 JR[8]은 적자 노선을 하나씩 없애고 있다. 지금은 아직 도로가 있어 해당 지역 주민은 자동차로 왕래가 가능하지만 머지않아 도로나 터널, 교량 등이 노후화해 사용연한을 넘기게 될 것이다. 그때 보수나 교체에 세금을 투입하겠다고 하면 과연 도시 납세자들은 납득할 수 있을까? 난 아니라고 본다. "지역 주민의 이기주의다. 생활 편의를 원한다면 고향을 버리고

----

8) Japan Railways의 약칭. 1987년 일본국유철도를 분할해 민영화했다.

도시에서 살면 된다."고 목소리 높이는 정치인이 반드시 출현할
것이다(이미 있지만).

그런데 한 번이라도 이런 불만 섞인 발언에 수긍한다면 앞으
로 도시 일극화 흐름은 막지 못한다. 왜냐하면 산촌에 사는 주민
을 콤팩트 시티로 이주시킨다고 해도 한 세대 혹은 한 세대가 지
나기 전 다시 과소화하기 때문이다. 물론 당분간은 이주자들이
소비를 일으키고 의료나 돌봄 사업 관련 일자리가 늘어나긴 한
다. 하지만 저출생은 멈추지 않을 것이고 새로운 산업도 생겨날
리없다. 머지않아 역설적이지만 '스마트'한 '디지털 지방 도시'
또한 '과소 도시'로 전락하고 말 것이다. 그때쯤이면 "과소 지역
에는 행정 비용을 들일 수 없다."는 논리에 반박할 수 없게 된다.
아무리 멋진 이름을 붙인다 해도 인구가 줄어드는 도시는 버려
진다. 이것이 곧 시작될 게임의 규칙이다.

4. 지역 소멸을 바라는 세력이 있다?

인구 감소와 지역 소멸은 입장에 따라 달리 보면 누군가에게
는 나쁜 일이 아니다. 땅이 사라지는 게 아니라 사람이 살지 않
을 뿐이다. 광활한 토지를 헐값에 얻을 수 있는 데다 어떤 사업
을 하더라도 '지역 주민의 반대'도 없다. 대기를 비롯해 토양이

나 하천, 해양을 오염시켜 생태계를 파괴하더라도 뭐라 하거나 분노할 지역 주민 역시 더는 없다. 장기적 비즈니스 거점까지는 모르겠지만 단기적으로 돈을 벌겠다면 가능하다. 이런 상황이 앞으로 '막대한 이익을 가져다 줄 기회'라는 사실을 깨달은 사업가는 아직 많지 않지만, 눈치 빠른 사람이라면 지금이 적기임을 알고 뛰어들 것이다.

다만 조건이 있다. 뛰어들어 선점하려면 국민이 모르게 은폐할 필요가 있다. 지금 인위적으로 과소 지역을 만들어내고 있다는 사실을 말이다. 그런 일이 알려지면 '인위적으로 과소 지역을 만들어내는 일'을 돈벌이로 연결하려는 사람이 늘어나기 때문이다. 이처럼 인구 감소와 지역 소멸은 바라보는 시각만 달리해도 확실한 기회라는 걸 알 수 있다. 따라서 철저한 비밀 유지가 일극 집중 시나리오의 필수 조건이다.

인구 감소라는 국가 위기 상황을 맞은 정부는 다가올 미래를 대비한 선택지 제시는커녕 논의조차 시작하지 않는다. 이처럼 합의 과정을 생략하는 모습은 상식적으로 이해할 수 없다. 왜 아무것도 하지 않을까? 정치인이 무능하고 게을러서라면 분명 설득력 있는 이유라 할 수 있다. 하지만 나의 가설은 국민이 관심을 두지 않아야 수익을 끌어낼 수 있기에 비밀 유지 노선을 채택하려는 것이다.

5. 자본의 시초 축적

인구가 골고루 흩어져 전국 방방곡곡에서 생업을 유지해 나갈 수 있다면 꽤 살기 좋은 사회라 할 수 있다. 하지만 일본 지배층은 그런 사회를 이상으로 내세우지 않는다. 어떤 정당이라도 공약으로 내걸지 않는다. 왜냐하면 인구 과밀 지역과 과소 지역의 양극화는 **자본주의 전제 조건**이기 때문이다(이야기가 좀 길어질지도 모르겠다).

『자본론』에는 '자본의 시초 축적'에 대한 고찰이 담겨 있다. 마르크스는 16세기에서 19세기에 걸쳐 영국 농촌에서 일어난 인구 불균형이 그것을 초래했다는 가설을 내세웠다.

노동량은 일정한데 노동자 수가 늘면 임금이 내려가지만, 줄어들면 임금은 올라간다. 이런 이치로 작동한다. 그래서 자본가는 당연히 자신의 사업장 노동자가 과밀해지길 바란다. 하지만 과밀을 만들어내려면 어딘가는 과소가 되어야 한다. 이것이 '울타리 치기(인클로저)'의 본질이다.

'울타리 치기'란 간단히 말해 조상 대대로 농사지으며 살아왔던 땅에서 "앞으로 너희는 이곳에서 살 수 없다."며 농민을 쫓아내는 것을 말한다. 쫓아낼 구실은 얼마든지 있다. 영국의 경우 종교개혁으로 교회 토지는 사유지로 바뀌면서 교회령 주민은 쫓겨났다. 또한 방적업이 번성하자 지주들도 농경지를 목장으로 바꾸고 농민을 쫓아냈다.

　마르크스가 열거한 가장 눈에 띄는 예로는 스코틀랜드 서덜
랜드 지역 공작부인이 벌인 울타리 치기다. 공작부인은 공국을
계승하자 모든 땅을 목양지로 바꾸기로 했다. 우선 80만 에이커
에 달하는 땅에 살고 있었던 3,000세대 15,000명에게 6,000에이
커 땅을 빌려주고 옮겨 살게 했다. 그들 농민이 살았던 땅은 29
개의 방목지로 나눠 각 방목지당 잉글랜드인을 한 가족씩 이주
해 오게 했다. 방목지로 변한 땅에 사는 인구는 이전에 비해 100
분의 1로 줄었고, 농민이 옮겨간 곳의 인구 밀도는 100배가 됐
다. 울타리 치기란 바로 이런 것이다.

　　자본의 시초 축적 역사에서 획기적 사건은 (…) 많은 사람이 폭
　　력에 의해 자신의 자급자족 수단으로부터 하루아침에 쫓겨나
　　완전히 법 보호 밖으로 밀려난 프롤레타리아로서 노동시장으
　　로 내던져진 일련의 흐름이다. 농촌 생산자인 농민의 땅을 빼
　　앗은 일이 모든 과정의 시작점이다.

　　　　　　　(『자본론』 제1권 하, 미시마 겐이치(三島憲一) 외 역.

　　　　　　　　　　　　　지쿠마쇼보(筑摩書房). 2005년. 505쪽)

　생업 수단을 빼앗기고 협소한 땅에 집단으로 거주하게 된 사
람에게는 얼마든지 고용 조건을 낮게 제시할 수 있다. "너 아니

라도 일할 사람은 많아!" 같은 말을 내뱉으면서.

지금 일본도 그때나 사정은 마찬가지다. 신규 대졸자를 대상으로 일괄 채용을 한다든가 취업 정보 회사를 통한 인재관리 등은 일자리에 비해 구직자가 압도적으로 많게끔 인위적으로 통제하고 있다. 그러나 이런 극단적 취업 방식을 앞으로도 고수할 수 있을까. 나는 더는 그럴 수 없다고 본다.

영국에서 인구 불균형이 일어난 이유는 19세기 100년에 걸쳐 인구가 1,100만 명에서 3,700만 명으로 3.4배 증가한 데 있다. 확실히 그만큼 인구가 늘어난 상태에서라면 "인력 교체 따위는 언제든 가능해."라고 장담할 수 있었을 것이다.

그러나 21세기에는 세계의 많은 선진국이 인구 감소를 겪게 된다. 일본에 이어 곧 중국과 한국도 인구 절벽에 들어간다. 유럽도 마찬가지다. 많은 나라의 출생률은 이미 1.3명을 밑돌고 있다. 인구 감소가 전 지구적 규모로 일어나는 상황에서 경제 성장을 목표로 한 자본주의를 지속하려면 논리적으로 볼 때 대규모 '제2차 인클로저'를 벌이는 일 말고는 방도가 없다. 다시 말해 인구 감소라는 상황을 지렛대 삼아 사람이 살 수 없는 땅을 단번에 대규모로 만들어낼 것이다. 그리고 그곳에 남아 있는 소수의 사람을 (서덜랜드 농민처럼) 도시의 좁은 지역에 밀어 넣는다. 그러면 자본주의는 한동안 "너 아니라도 일할 사람은 많다."고 계속 지껄일 수 있다. 그러다 다시 사람이 부족해지면 더욱 좁은 곳으로 이주시키고 그 이외 지역은 주거 불능 지역으로 만들어 버릴 것이다. 노동자를 과밀 지역 울타리 안으로 가둘 수 있는 한('아킬레스와 거북이[9]'처럼) 프롤레타리아가 전부 사라지는 날까지 자본주의는 연명할 수 있다. 논리적으로는 그렇다. 따라서 인구 감소 국면의 일본에서 '자본주의를 연명시키기 위한 제2차 인클로저'가 시작됐다고 진단한다.

6. 경계선을 지키는 '파수꾼'

주어진 지면의 한계를 크게 초과했으므로 나머지는 논점의 얼개만을 열거하려 한다. 논점 중 하나는 앞서와 같이 과소 지역에서 산촌이 사라지면 어떠한 리스크가 발생할지 아무도 예측할 수 없다는 점이다. 산촌은 '야생의 영역'과 '인간의 영역'이 공존하는 완충지대 역할을 한다. 이 두 영역의 경계에서 인간을 보양하는 식재료 대부분을 생산하고 있다.

"모든 교토의 관례를 치르기 위해서도 근원은 시골에 의지하노니"라고 『방장기』[10]에 나오듯이 산촌에서 '끊임없이 물건이

---

9) 기타노 다케시 감독의 영화 「アキレスと亀」(2008년)

10) 『方丈記』, 일본 중세문학을 대표하는 가마쿠라 시대의 가모노 초메이가 쓴 수필.

올라오지 않는다면' 도시에서 문명 생활은 영위할 수 없다. '인
클로저' 주의자는 그런 중요성을 얼마나 알고(고려하고) 있을까?
아마 아무것도 모른다고 생각한다. 식량 자급이 어려우면 수입
하면 된다고 생각할 것이다. 그런데 지진이나 쓰나미 또는 화산
분화 같은 재해가 도시를 강타했을 때 '피할 곳이 없다'는 리스
크를 고려하고 있을까? 도시를 탈출하더라도 지평선까지 뒤덮
은 태양광 패널과 해안가까지 원자력발전소와 풍력발전기가 늘
어선 불모의 환경에서는 살아남을 수 없다.

"나라가 망해도 산하는 그대로다."[11] 산과 강만 있다면 그곳
을 발판으로 나라를 다시 세울 수 있다. 다시 말해 산하를 잃으
면 복원할 수 없다는 말이다. "산하란 그곳을 그리워하는 사람
이 있으니 산하지 사람이 사라진 땅은 산하가 아니다(그러므로 얼
마든지 파괴해도 상관없다)."라고 냉정하게 말하는 사고방식으로는
인간의 여린 마음을 헤아릴 수 없다.

또 한가지 우려는 '인클로저' 주의자가 야생의 번식력을 과
소평가하고 있는 게 아닐까 하는 점이다. 열도 주민은 수천 년
동안 오로지 자연을 공략하고 개발하면서 '가축화'해 왔다. 인
간이 자연 앞에서 후퇴하는 일은 이번이 처음이다. 후퇴 방법을
모를 수밖에 없다. 아마도 야생의 침략을 막아가면서 서서히 후

11) 국파산하재(國破山河在). 두보는 '춘망시'에서 전란으로 나라가 망하고 제 모습이
사라졌으나 산과 강만은 옛 모습을 간직하고 있다고 했다.

퇴하는 수밖에 없을 것이다. 그런 수고를 게을리 하면 야생의 자연과 인간 문명 사이에 완충지대가 사라져 직접 접촉하게 되는 상황이 펼쳐진다. 인수 공통 감염병이 야생의 자연과 인간 문명이 직접 접촉하는 기회가 많아지면서 생긴 결과라면 산촌 소멸 리스크는 역학(疫學) 차원에서라도 과소평가하면 안 된다.

서서히 후퇴하려면 야생 영역과 인간 영역 사이 경계선을 지키는 파수꾼이 필요하다. 많이 없어도 된다. 경계선에서 '여기는 인간이 살아가는 영역'이라는 표식을 내걸고 생업을 영위해 나가는 정도로 충분하다. 그것만으로도 자연의 침입을 어느 정도까지는 막을 수 있다. 만일 경비업체에 맡기거나 철조망을 치거나 혹은 콘크리트 벽을 세우는 방식을 쓴다면 야생의 침입을 막을 수 없다. 사람이 그런 환경 속에서 양식을 구하면서 살아가야만 한다. 왜 그런지는 누구나 알 수 있을 것이다.

따라서 현재 벌어지는 청년들의 지역 이주는 그들이 문명사적 임무인 파수꾼의 역할을 본능적으로 감지한 결과라고 생각한다. 그렇지만 인클로저 주의자들은 이런 흐름의 근간을 절대 이해할 수 없을 것이다.

7. 모두가 평온하게 생업을 영위할 수 있는 나라

이상 일단 내가 하고자 했던 말을 여기서 마친다. 나의 예측이 맞을지 아닐지는 알 수 없다. 다만 이렇게 적어 놓으면 독자 중에서 "정말 그런 일이 일어난다고? 우치다의 망상 아냐?" 하면서 의심하는 사람이 나오리라 생각한다. 그런 사람이라면 뉴스에서 '과소 지역 주민, 지역 거점 도시로 이주' 같은 헤드라인이 떴을 때 바로 반응할 것이다. 그것만으로도 충분하다. 간절히 바라건대 앞서 쓴 모든 글이 망상이나 기우로 판명나고, 일본의 산하와 산촌이 끝까지 지켜지고, 방방곡곡 사람들이 평온하게 생업을 이어갈 수 있는 나라가 됐으면 한다.

후퇴전과 공산주의

사이토 고헤이(斎藤幸平) | 경제사상가

1. 후퇴학과 탈성장

'후퇴학'을 제창하는 목소리가 들려온다. 하지만 우리는 그동안 앞으로 나아가는 것만 배워 왔기 때문에 느닷없이 "후퇴하자!"고 하면 당혹감이 앞설 것이다. 인류는 계속 전진해 오면서 난관을 극복해 온 터라 후퇴는 곧 패배라는 생각에 빠지면서 불안해진다.

한편, 오로지 경제 성장만을 바라보며 미지의 시장을 개척해 온 자본주의는 지금 커다란 한계에 봉착했다. 시장은 포화 상태로 선진국 경제 성장 수치는 둔화하고 있다. 남은 시장이라면 이제 우주밖에 없다. 초부유층이 우주를 향하는 건 우연이 아니다.

또한 인간의 방만한 삶으로 지구 환경은 날로 악화하고 있다. 기후 변화 문제는 이를 단적으로 보여준다. 여기서 더 미개척지 시장화를 지속해 경제 성장을 추구한다면 환경 위기는 돌이킬 수 없는 지경이 되고 말 것이다. 이런 상황 앞에서 경제 성장 지상주의와 결별하고, 지구 환경 한계 범위 내에서 생활해 나가는 게 '탈성장' 사고방식이다.

벼랑 앞에 내몰린 상황을 인식하고 지속가능한 사회로의 전환을 이뤄야 한다. 이를 위해 끝없는 이윤 획득 경쟁에서 '후퇴'해야 한다. 이렇게 자본주의와 경제 성장 지상주의에서 후퇴, 즉 탈성장이 제창된 것이다.

2. 만성적 긴급 사태에서 후퇴하기

많은 사람이 여기서 말하는 후퇴전의 의미를 오해하고 있다. 사실 '탈성장'이라는 말은 일반적 이미지와 달리 그 내용은 전혀 목가적이지 않다. 유난히 일본에서 그러한데 왜 그럴까? 일본 안팎으로 나름의 이유가 있는데, 우선 일본 내부를 들여다보면 인구 급감을 들 수 있다. 저위 추계로 이번 세기 말쯤이면 약 3,770만 명이 될 것이라 예상한다. 다시 말해 20세기에 불어난 인구는 모두 사라져 메이지 시대 초기 수준까지 떨어진다는 이야기다. 그런 날이 오면 노동 인력이 대폭 감소하고, 시장 규모는 작아져 경제 성장 여지 또한 사라진다. 필연적으로 경제는 잠

잠해질 수밖에 없어 생활 필수품 제공과 사회 인프라 유지를 위한 적절한 인력 배치 계획을 세워가야 한다.

외적 상황도 좋지 않다. 바로 기후 변화다. 파리협정에서 1.5℃ 상승 제한을 목표로 삼았지만 이미 절망적 상황으로 접어들었다. 글래스고에서 개최했던 COP26(제26차 유엔기후 변화협약 당사국총회) 참여국이 모두 약속을 지킨다 해도 금세기말까지 2.4℃ 올라간다고 한다. 이 정도면 일부 국가에는 사형 선고나 다름없다. 예컨대 해수면 상승으로 섬나라는 바닷속으로 잠긴다. 또한 식량 위기를 비롯해 물 부족이나 산불, 감염병 등 재해 위험이 증가한다. 세계은행은 2050년이 되면 기후 변화 영향으로 환경 난민이 최대 2억 명에 달할 것으로 내다보고 있어 대혼란이 예상된다.

이는 긴급 사태가 아닐 수 없다. 코로나19 팬데믹과 달리 인구 감소나 기후 위기가 초래할 긴급 사태는 엔데믹이 없다. 오히려 시간이 지날수록 위기는 악화한다. 이런 상황이라면 앞으로 우리 사회는 끝없는 '만성적 긴급 사태'에 놓이게 된다. 따라서 코로나19 사태를 능가하는 위기가 닥쳐올 거라는 인식 없이 탈성장을 고려하긴 어렵다.

이런 긴급 사태 속에서 느긋한 후퇴란 있을 수 없는 일이다. 제때에 판단을 내리지 못하면 치명상을 입게 될 것이다. 판단 지체가 얼마나 위험한지 우리는 이미 코로나19 사태로 몸소 경험한 바 있다.

다시 말해 전례 없는 규모의 긴급 사태 아래에서 연착륙 같은 게 가능할지 아무도 모른다. 그렇다고 도망치듯이 후퇴를 선택하라는 이야기가 아니다. 단순히 도망만 친다면 남은 건 전멸밖에 없다. 큰 어려움을 앞에 둔 리더라면 후퇴에 한순간의 망설임도 없이 결단을 내려야 한다. 후퇴전은 위기에 굴하지 않고 새로운 사회로 시스템 변화를 꾀하는 혁명 같은 전진이어야 한다.

3. 도래할 미래 사회

지금처럼 후퇴 없이 돌진한다면 위기는 악화한다. 그러면 코로나19 사태 때 그랬듯이 조만간 국가가 개입해 강제 조치를 취할 것이다. 국가 권력이 폭주하면 바로 독재 사회가 되고 만다. 인민의 일상을 감시해 벌칙을 부여하는 중국처럼 강권 정치가 버젓이 통하는 사회가 될지도 모른다. 실제로 코로나 사태를 거치면서 민주주의보다 독재가 피해를 줄일 수 있다는 주장이 나오고 있다.

또한 지구 환경이 혹독해지는 가운데 사회 양극화 현상으로 격차는 더욱 벌어져 생존 경쟁은 치열해지고 있다. 사실 코로나 사태로 연대보다 분열이 확산하는 현상은 나쁜 소식이라 할 수 있다. 세계 상위 1% 초부유층의 자산은 세계 전체 개인 자산의 37.8%를 차지하는 한편, 하위 50%의 자산은 전체 2%에 불과하다고 한다. 더구나 그 증가 비율은 코로나 사태로 가속화하고 있다. 코로나 불황 타개책으로 쏟아부은 돈이 금융 시장에 흘러들어 주식 등 자산 가치가 급등하면서 격차는 한층 더 벌어졌다. 결과적으로 부유층은 빈곤층의 존재를 점점 잊고 있다.

그런 가운데 만일 빈곤 계층을 구제할 필요가 생겨도 그들을 지원할 돈과 자원은 한정돼 있다. 따라서 이주민보다 자국민을, 고령자보다 청년을 먼저 지원한다. 아울러 가난은 본인 책임으로 돌리면서 차별을 드러낸다. 이처럼 구할 생명을 선별하는 시대가 도래할지도 모른다.

격차 심화 상황에서 중국형 중앙집권의 길을 피하려고 내놓은 자유주의 진영의 대안이 '녹색 경제 성장'이다. 재생에너지·전기차 혁명으로 환경 부담을 줄이면서 인공지능과 자동화로 효율을 높여 경제 성장을 이루겠다는 것이다. 하지만 발걸음이 불안해 보인다. 좀처럼 전 세계 이산화탄소 배출량은 줄지 않고 있다. 지금껏 경제 성장과 자원·에너지 소비량 증가는 밀접하게 연결돼 왔다. 그런 지난날을 돌이켜봤을 때, 단기간에 탈탄소화를 달성하는 데 경제 성장을 계속 이루겠다는 목표는 오히려 족쇄가 될 것이 자명하다.

EU가 천연가스와 원자력발전을 '청정 에너지'로 취급하려는 이유가 여기에 있다. 이처럼 녹색 경제 성장을 위한 선진국의 노력은 충분하지 않다(참고로 중국, 인도, 브라질의 노력이 불충분하다고 비난하는 건 서구 선진국의 책임 전가이다). 이와 같다면 이번 세기말 기온은 2.4℃ 상승해 버리고 말 것이다. 실제로는 그 이상이 될지도 모른다.

그런 어중간한 대책 탓에 지구 환경이 더욱 악화한다면 더는 태평하게 '성장과 분배' 같은 말 따위는 할 수 없게 된다. 만성적 물자 부족으로 분배도 어려워지고, 인플레이션이 진행될 것이다.

코로나19 사태와 러시아·우크라이나 전쟁으로 진행 중인 세계적 인플레이션은 그 리허설 격이라도 해도 과언이 아니다. 역설적으로 양적 완화 조치로 디플레이션을 벗어나겠다는 리플레이션 주의자의 꿈이 생각했던 방향과는 전혀 다르게 실현되고 있다. 원유 가격이 상승해 화학 비료를 쓰거나 트랙터로 대량의 화석 연료를 사용하는 농업에도 영향을 미치고 있다. 여기에 더해 기후 변화 영향으로 흉작이 이어지면서 가격 상승을 낳고 있다. 앞으로도 가뭄이 이어진다면 농축산물이나 희토류 자원 가격 상승은 계속될 것이다. 일본처럼 식량 자급률이 낮고 자원이 적은 나라에는 치명적이다.

인플레이션 여파는 사회적 약자에게 더 크게 미친다. 결과적으로 '녹색 자본주의'를 추진해 온 자유주의 진영을 향한 혐오

감이 커지면서 동시에 우파 포퓰리즘 진영이 활개칠 여지가 생겨버린다. 그 다음에 마주하게 될 건 에코 파시즘이다.

4. '전시 공산주의'라는 길

확인했듯이 만성적 비상사태 상황에서 후퇴전을 치르려면 조금 다른 길을 생각해봐야 한다. 군이 지난 역사에서 참고하자면 내전을 벌이면서 동시에 제1차 세계대전과 그 후의 대소간섭 전쟁[12]을 치러야 했던 러시아가 어떨지 모르겠다. 당시 러시아는 안팎으로 치르는 전쟁이 초래한 심각한 식량 위기와 인플레이션, 빈곤 등 긴급 사태에 대처해야 했다.

볼셰비키는 '전시 공산주의'라는 통치체제로 긴급 사태에 대처했다. 기업 국영화와 무역 국가 독점화는 물론 식량과 일용품을 배급제로 바꾸고 철도까지 통제하는 등 중앙 통제 방식의 조치를 취했다. 다시 말해 러시아 내전 하의 볼셰비키는 긴급 사태 대응에서 '계획'과 '강제'를 전시 공산주의라고 부른 것이다. 이 체제는 1921년 3월 시장원리를 부분적으로 도입하는 신경제정책(NEP)을 도입할 때까지 유지됐다.

-----

12) 1917년 러시아 혁명으로 성립한 공산주의 소비에트 정부를 막기 위해 미국, 영국, 프랑스, 일본 등이 일으킨 전쟁.

그런데 기후 위기 시대를 맞아 스웨덴 마르크스주의자 안드레아스 말름이 전시 공산주의라는 말을 다시 소환하고 있다. 말름은 코로나19 위기 대처에서 전시 공산주의의 흔적을 발견하곤 '환경 레닌주의'의 필요성을 주장했다.[13]

물론 전시 공산주의라는 말에는 부정적 이미지가 강하다. 그런 톱다운 방식의 조치는 전체주의로 변질할 위험성이 크다는 걸 말름도 잘 알고 있다. 하지만 위기의 순간이라면 좋든 싫든 국가 개입이 필요하다고 그는 말한다. 실제로 코로나 사태가 터지자 봉쇄와 휴업 명령을 비롯해 입국 제한 조치가 필요해졌고, 사람의 생명을 지키기 위해 이제껏 불가능하다고 생각했던 과감한 조치가 이뤄졌다. 작은 정부로는 더 이상 긴급 사태에 대응하기 어렵다 보니 국가 권력이 강해져야만 했다. 그때만큼은 신자유주의 시대가 멈춘 것이다.

5. 생태적 레닌주의

말름은 '생태적 레닌주의'를 다음과 같이 설명한다. 팬데믹

---

13) 안드레아스 말름(Andreas Malm), *Corona, Climate, Chronic Emergency : War Communism in the Twenty-First Century*(London : Verso, 2020). 원주. 국내 번역본은 『코로나, 기후, 오래된 비상사태-21세기 생태사회주의론』 마농지, 2021년 출간.

동안 국가는 국민 건강을 위해 경제를 의도적으로 희생시켰다. 지금까지 경제에 악영향을 줄 수 있는 국가의 개입은 대가가 너무 커 비현실적이며 공상에 지나지 않는 일로 여겨졌다. 자본주의를 기반으로 한 국가가 재분배나 독점을 막기 위해 개입한 적은 있었지만, 경제를 멈추는 선택지는 존재하지 않았다. 그러나 코로나 사태에서는 '긴급 정지 버튼'을 누른 것이다. 더구나 그 선택에 대중은 더 빨리, 더 연장하라며 지지를 보냈다. 사람의 생존을 위해 일시적이긴 하나 자본주의를 죽인 것이다.

바로 이 지점에 기후 위기 대응 시 끌어내어야 할 교훈이 있다고 말름은 지적한다. 우선, 코로나 사태는 개인적 차원의 계몽적 접근으로는 위기를 막을 수 없음을 알게 해줬다. 손 씻기나 마스크로는 한계가 있다. (사스와 메르스를 겪었음에도) 팬데믹 대책을 세우지 않고, 감염병 병상이나 보건소마저 줄이면 개인의 힘으로는 아무것도 할 수 없다.

같은 이유로 넛지[14]로 국민을 유도하는 데에는 분명한 한계가 있다. 불필요한 외출을 삼가라고 정부와 전문가가 외치는 상황뿐이라면 아무리 넛지를 쓰더라도 행동 변화를 이끌기에는 부족하다. 결국 정부는 강제적으로 음식점이나 백화점을 폐쇄해야 했다. 소비자의 욕망은 개인 영역이라는 사고방식을 유지

---

14) 넛지(nudge)는 강요가 아닌 자연스러운 상황을 만들어 사람의 행동을 유도하는 것을 의미한다.

하는 한 위기에 대처하기 어렵다. 욕망 자체를 금지해야 하는데 그런 규제를 광범위하게 펼칠 수 있는 것은 국가밖에 없다고 그는 말한다.

또한 말름은 국가는 사회적 규범 자체를 단기간 안에 법률로써 크게 변용할 수 있었다면서 국가 개입의 정당성을 언급했다. 당연히 규제를 받는 쪽은 반발할 것이다. 하지만 사람은 변화한 새로운 생활양식에 적응한다. 예컨대 가솔린 자동차 판매 금지는 커다란 반발을 불러올 테지만 소비자는 바로 전기 자동차에 익숙해질 것이다.

그러나 기후 위기에 도전하기에 전기차 전환만으로는 부족하다. 석유 산업을 국유화하거나 조림 사업을 펼치거나 항공기 이동 금지 등의 조치가 따라야 한다. 틀림없이 강력한 자본의 반발이 따를 것이다. 그래서 '전시 공산주의'에 답이 있다고 말름은 강조한다.

하지만 실제로 그렇게 한다면 전체주의 참사가 되풀이될 것이다. 어떻게 해야 민주주의를 지키면서 전시 공산주의를 가능하게 할 수 있을까. 말름은 딜레마를 떠안으라는 말로 마무리하는데 누구도 이말을 따르지는 않을 것이다.

6. 커먼의 재생 그리고 후퇴

미개척 시장을 끊임없이 찾으려는 자본주의로부터의 후퇴는 소수의 사람이 도시에서 산촌으로 빠져나가는 것만으로는 부족하다. 자본주의는 언젠가 탈출해간 곳의 환경도 파괴하기 때문이다. 따라서 후퇴 전에 자본주의 비상 정지 버튼을 눌러야만 한다. 그때는 말름이 말했듯이 국가의 힘이 불가결하다. 다만 국가에만 의존해서는 안 된다. 국가의 개입 방식을 논의하고, 감시 및 규제할 수 있는 시민의 힘을 키워야 한다.

국민이 국가 권력을 관리할 때 기초가 되는 것은 아래로부터의 커먼(공공재) 재생이다. 생활하는 데 꼭 필요한 재화나 서비스, 지역 인프라 및 커뮤니티를 시민 스스로 관리해 나가기 위한 상부상조가 필요하다. 말름의 말에는 바로 이런 상향식 관점이 약해 전체주의적 느낌이 강하다. 하지만 국가 권력 발동에는 무엇보다 사회 운동이나 사회적 기업, 지자체로부터 시작하는 상향식 민주주의가 불가결하다. 민중의 강한 압력이 없다면 국가는 시장과 알력을 다투면서까지 기후 변화 대책을 실시하고자 하지 않기 때문이다.

소련 민중이 인플레이션 상황에도 전시 공산주의를 지지했듯이, 일본 국민은 코로나 경기 침체 속에서도 긴급 사태 선언을 지지했다. 우리가 먼저 코로나19 사태보다 기후 위기가 훨씬 큰 위기임을 인식하지 않는다면 혁명적 후퇴전은 시작할 수 없다. 그런 인식에 이르지 못한 채 위기가 심화해 국가가 개입하기 시작하면 곧바로 전체주의 모델로 가고 만다. 따라서 시민의 각오가 무엇보다 우선이다.

그럼에도 전시 공산주의 같은 건 말 같잖은 이야기로 느껴질지 모르겠다. 하지만 지구가 불타고 있다. 후퇴 말고는 더 이상 선택의 여지가 없는 긴급 사태 속에서 비상구 찾기란 목숨을 건 전쟁과도 같다. 생존을 위한 후퇴전은 결사의 각오로 전진하는 것보다 어려운 일이다. 결단이 늦으면 자원과 인력은 줄고, 환경은 더욱 가혹해질 것이다.

늦기 전에 해결책을 찾으려면 모든 지식을 동원해야 한다. 거기에는 전시 공산주의와 탈성장도 포함해야 한다. 지금이야말로 인류의 새로운 환경 계획에 집중한 21세기 계산 논쟁을 시작할 때다.

민주주의로부터 후퇴가 불가능하다면

시라이 사토시(白井聡) | 정치학자·사상가

1. "무지한 젊은이는 투표하지 마"

지금부터 6년 전, 2016년 참의원 선거를 앞두고 영화감독 모리 다쓰야(森達也)는 「주간 플레이보이」와의 인터뷰에서 무지한 젊은이는 투표하지 말라는 취지로 발언해 물의를 빚은 일이 있었다. 모리의 해당 발언을 그대로 옮겨보자.

최근 내 수업을 듣는 메이지대학 20명 정도의 학생에게 지지하는 정당을 물었더니 약 90%가 자민당이었다. 그런데 헌법 개정에 관해서는 과반수가 "헌법은 지금 이대로가 좋다"고 했다. 말할 것도 없지만 자민당의 당시(黨是)는 '자주헌법제정'이다. 여러분은 자민당의 헌법 개정 초안을 읽어본 적이 있습니까? (중략)

내가 학생들에게 "너희는 자민당을 지지한다면서 절반 이상이 지금 헌법이 좋다고 한다. 앞뒤가 맞는 말이라고 생각하나?"라고 묻자 그들은 질문을 이해하지 못했다. 생각했던 것 이상으로 아는 게 없었다. 아무런 생각 없이 '헌법을 지키고 싶다'가 '자민당 지지'로 연결되는 수준이라면 투표를 하지 않는 게 좋다.[15)

이 발언은 좌파나 우파 모두에게 좋은 평판을 듣지 못했다. "모리 다쓰야, 생각이 있는 거야?" "다들 투표율 올리려 애쓰고 있는데 이게 무슨 짓이야!" "청년의 정치 참여 기회를 뺏지 마!" 등 반응이 쏟아졌다.

그런데 특정 계층 유권자에게 투표소에 나오지 말라고 한 모리는 '나쁜 엘리트주의자'일까? 보편적으로 참정권 부여는 유권자가 연령에 맞는 지적 성숙과 지성을 갖췄는지, 아니면 적어도 그것을 갖추기 위한 노력을 하고 있는지를 전제로 한다. 따라서 이론적으로 볼 때 모리의 발언은 이상할 게 없다. 또한 경험적으로도 그가 접한 학생들은 정치의식 수준이 매우 낮고, 자신의 정치적 의사와 지지하는 정당 사이에 모순이 있다는 사실조차 자각하지 못했다. 내 경우에 비춰보더라도 이런 현상은 흔하

---

15) https://www.j-cast.com/2016/07/09272045.html. 원주.

게 볼 수 있다.

모리는 또 "헌법 개정이 선거 쟁점이 된 상황을 인식하지 못하고, 어떤 개헌안(자민당이 제출한 헌법 개정 초안)이 나왔는지도 모르고, 자신의 모순을 깨닫지도 못한다. 이런 지식수준의 사람을 단지 법에서 규정한 나이가 됐다는 이유만으로 '유권자'로 대접하고 투표권을 주는 기이한 사태가 벌어진다. 그렇게 무지한 '유권자'가 투표소에 갈 자질을 갖췄을 리가 없다. 그렇다 보니 변변찮은 후보나 정당이 선택되고 후진 정치가 이뤄진다. 따라서 그들이 오지 않는 게 그나마 낫다."고 말했다.

모리의 발언에서 아쉬운 점이 있다면 논의를 청년층 문제로만 다뤘던 것인데 인터뷰 특성상 생길 수 있는 일이니 그 점을 딱히 지적하고 싶지는 않다. 참고로 같은 시기 몇몇 지역 신문이 실시한 유권자 설문 조사 결과에서도 유권자 전체에 만연한 정치적 무지가 드러났다. 예컨대 "개헌 찬성파, 2/3 의석 확보가 관건"이라는 미디어 보도에서 유권자 대부분이 '2/3'라는 숫자가 무엇을 의미하는지 이해하지 못했다.

2. 민주주의의 가장 심각한 문제

그런 소동이 있고 6년이 지났다. 코로나19 사태로 일본 내 최악의 사망률을 기록했던 오사카는 2021년 총선에서 오사카를 오랫동안 장악해 온 오사카유신회(일본유신회)가 대승을 거두며 약진했다. 오사카유신회 소속의 '요시무라 히로후미 오사카부(府) 지사의 코로나 대처 노력'을 높이 평가한 것이다. 이런 현실 속에서 과연 누가 모리의 발언을 정면으로 부정할 수 있을까.

우리는 근본 문제가 어디서 비롯됐는지 명확히 인식할 필요가 있다. 일본 정치가 참담한 이유는 관료기구나 정계의 수준이 떨어진 데 있다기보다는(물론 그런 요인도 중대한 문제이지만) 그들을 용인하는 것만으로는 모자라 부패하고 타락한 세력에게 투표해 권력을 부여한 유권자의 무지와 타락에 있다. 이런 사실을 정면으로 마주하고 인지해야 한다.

실제로 지식인들은 이 문제 앞에서 주저해 왔다. 민주주의 사회에서 일부 구성원의 공민권은 가치가 없다고 주장했다가 오히려 자신이 고립에 처할지 몰라 두려워한다. 한편으로는 대중은 선량해 결국은 좋은 선택을 할 것이라는 바람도 있다. 이런 생각과 감정 탓으로 오늘날 민주주의가 안고 있는 가장 심각한 문제는 유권자의 무지라는 사실을 직시하지 못해온 것이다.

그런데 이런 민주주의 위기는 전 세계적으로 나타나는 현상으로 여러 나라에서 정치적 무지를 주제 삼아 연구를 진행하고 있다. 미국 정치학자인 일리야 소민은 『민주주의와 정치적 무지』라는 제목의 책을 냈는데, 이 책에서 소개한 무지의 실례나

데이터는 매우 충격적이다.[16)]

예를 들어 오바마 정부의 오바마케어가 무언지 이해했다고 생각하는 유권자는 37%, 온실가스 배출권 거래제를 이해했다는 사람은 24%, 이라크전에서 수니파와 시아파를 알고 있다는 사람은 32%에 그쳤다. 또한 미 연방정부는 행정, 입법, 사법, 즉 삼권분립으로 이뤄졌다는 것을 아는 유권자는 42%였다.

그런데 소민은 이런 무지가 어제오늘의 일이 아니라고 지적한다. 1964년 당시, 소련이 나토 일원이 아니라는 것을 아는 사람은 38%에 지나지 않았고, 1986년 소련 지도자 미하일 고르바초프의 이름을 댈 수 있었던 사람은 절반에도 못 미쳤다. 대체로 어느 시기에 조사하더라도 자신이 사는 주 상원의원 2명의 이름을 거론할 수 있는 사람은 30%를 밑돌았다. 선거전이 한창일 때도 절반은 하원의원 후보자 이름을 한 명도 대지 못했다. 여기서 알 수 있는 건 커뮤니케이션 환경의 변화, 다시 말해 인터넷 미디어 발달은 아무리 정보량이 폭발적으로 늘어났더라도 유권자의 정치지식 향상에는 전혀 영향을 끼치지 못한다는 사실이라고 소민은 덧붙인다.

---

16) 이하의 사례는 일리야 소민(Ilya Somin)『민주주의와 정치적 무지-작은 정부가 '현명한 이유'(民主主義と政治的無知-小さな政府の方が『賢い理由』)』모리무라 스스무(森村進) 역, 신잔샤, 2016을 참조함. 원주.

3. 정책 지지와 정당 지지는 어떤 관계일까

일본 이야기로 돌아가 보자. 지난해 12월 발표한 미국 다트머스대 정치학부 교수 호리우치 유사쿠 팀의 조사 결과가 주목받고 있다. '컨조인트 분석' 방식을 이용한 이 조사에서 정책 지지와 정당 지지(투표)가 어떻게 관계하고 있는지를 밝히고자 했다. 구체적으로 다음과 같다. 첫 번째 표(이후 표1)는 이번 총선 선거운동 기간 중 전국 유권자를 대상으로 실시한 온라인 설문 예시다. 쟁점별로 한 정당의 정책(두 번째 표, 이후 표2)을 컴퓨터를 이용해 랜덤으로 할당하고, 나머지 한 곳은 가상 정당(패키지 정책)을 생성해 그중 하나를 선택하도록 했다.

정당의 '속성'은 이번 총선의 주요 쟁점이다. 조사팀은 각 정당의 공약 내용과 몇몇 신문사가 요약한 내용을 파악하고, 특히 중요한 쟁점을 '원자력발전·에너지' '외교·안전보장' '다양성·공생 사회' '코로나 대책' '경제 대책' 등 다섯 가지로 구체화했다. 속성 순서도 랜덤으로 할당해 응답자별로 달리했다.

예컨대 표1의 정당2는 국민민주당의 '원자력발전·에너지' 정책, 공명당의 '외교·안전보장', 입헌민주당의 '다양성·공생 사회', 일본유신회의 '코로나 대책', 그리고 자민당의 '경제 정책'을 조합한 것이다. 이런 가공의 패키지 정책을 응답자에게 반복적으로 비교시킨 후 데이터를 모아 분석함으로써 쟁점별로

「표1」 온라인 설문조사 시 문항 예

Q 다음과 같이 공약을 내건 두 정당이 이번 총선에서 후보자를 내세웠다고 가정해 보겠습니다. 당신이라면 어느 쪽 정당을 지지하겠습니까? 어느 쪽을 지지하는지 확실히 말할 수 없더라도 어느 쪽이든 조금이라도 지지하는 쪽을 선택해 주세요.

	정당 1	정당 2
원자력 발전·에너지	원자력 발전에 의존하지 않는 탄소중립 실현, 신규 원자력발전소 증설 불허	신규 증설 없이 안전기준에 맞고 현지주민 동의를 얻은 원전은 가동
외교·안전보장	미일동맹 견지·강화, 자주 안전보장 체제 구축	미일동맹 강화, 평시에서 비상사태까지 끊임없는 동맹 체제로 강화
다양성·공생사회	모든 남녀 격차 시정, 선택적 부부 별성 실현, 동성결혼 관련은 언급 없음	선택적 부부 별성 조기 실현, 동성결혼 가능하도록 법개정, 가정폭력 방지법 등 내실화
코로나 대책	무료 자택 검사로 가정 내 감염 억제, 항체 칵테일 요법 자택 투여	병상·의료종사자 확보를 위한 법률 정비. 휴업명령 등의 권한 지사에게 이양
경제 대책	일률적으로 10만엔 지급. 저소득층 10만엔 추가 지급 및 한시적 소비세 감세	비정규직, 여성, 육아세대 및 학생 대상 경제적 지원(금액 미정)

Q 어느 쪽을 지지합니까?

정당 1	정당 2

「표2」 2021년 중의원 선거 정당별 공약

	정당	공약 내용
코로나 대책	자유민주당	11월, 조기 백신 접종 완료. 연내 경구용 치료제 보급, 인류 억제로 법개정
	공명당	국산 경구용 치료제 개발 지원, PCR 검사 1일 100회로 확충
	일본공산당	모든 입국자 대상 최소한 10일 이상 호텔 격리
	일본유신회	병상·의료종사자 확보를 위한 법률 정비. 휴업 명령 등의 권한 지사에게 이양
	국민민주당	무료 자택 검사로 가정 내 감염 억제, 항체 칵테일 요법 자택 투여
경제 대책	자유민주당	비정규직, 여성, 육아세대 및 학생 대상 경제적 지원(금액 미정)
	공명당	0세부터 고교3년까지 10만 엔 상당 일괄 지급
	입헌민주당	저소득자 대상 12만 엔 지급, 한시적으로 소비세율 5%로 인하
	일본공산당	소득 중위계층 포함 1인 10만 엔 지급, 소비세율 5%로 인하
	일본유신회	2년 기간 한정 소비세율 5%로 인하 및 지원금 지급(금액 미정)
	국민민주당	일률적으로 10만엔 지급. 저소득층 10만 엔 추가 지급 및 한시적 소비세 감세
외교·안전보장	자유민주당	미일동맹 기축, 방위비 증액(GDP 대비 2% 수준), 상대 영역에서 미사일 저지 능력 보유
	공명당	미일동맹 강화, 평시에서 비상사태까지 끊임없는 동맹 체제로 강화
	입헌민주당	건전한 미일동맹 기축, 적기지 공격 능력 보유는 신중한 검토 필요
	일본공산당	안보법 폐지, 군축 전환, 적기지 공격 능력 보유 반대
	일본유신회	미일동맹 기간 확정, 영역 내 저지 능력 구축 검토, 방위비 증액(방위비 1% 규정 철폐)
	국민민주당	미일동맹 견지·강화, 자주 안전보장 체제 구축
원자력발전·에너지	자유민주당	안전성 확인된 원전 재가동, 핵융합발전 추진
	공명당	원전 신설 없이 의존도 낮추기, 재생에너지 비율 향상
	입헌민주당	원자력발전에 의존하지 않는 탄소중립 실현, 신규 원자력발전소 증설 불허
	일본공산당	원전 제로, 온난화 가스 배출 감소 50%에서 60%로 목표치 상향
	일본유신회	시장 원리에 따라 기존 원전 연착륙, 재생에너지 비율 확대
	국민민주당	신규 증설 없이 안전기준에 맞고 현지주민 동의를 얻은 원전은 가동
다양성·공생 사회	자유민주당	LGBT 이해증진법 찬성, 선택적 부부 별성 및 동성결혼 관련 언급 없음
	공명당	선택적 부부 별성 도입 추진, 성적지향과 성정체성 관련 이해 증진
	입헌민주당	선택적 부부 별성 조기 실현, 동성결혼 가능하도록 법개정, 가정폭력 방지법 등 내실화
	일본공산당	남녀 임금격차 시정, 선택적 부부 별성 즉시 도입, LGBT 평등법 실현
	일본유신회	호적제도 유지 하의 부부 별성제 도입, 동성결혼 등 다양성 추진
	국민민주당	모든 남녀 격차 시정, 선택적 부부 별성 실현, 동성결혼 관련은 언급 없음

각 정당 정책이 응답자의 정당(패키지 정책) 선택에 어느 정도 영향을 줬는지 추정할 수 있었다.[17]

4. 충격적 분석 결과

이 조사에서 얻은 데이터는 상당히 충격적이다. 결과적으로 자민당이 승리한 총선이었지만 자민당의 정책은 그다지 지지받지 못했음을 보여주고 있다. 참고로 이런 경향은 지난 2014년, 2017년 총선 기간 중 실시한 컨조인트 분석 결과와 일관한 흐름이란 걸 알 수 있다. 이것이 무엇을 의미하는지는 다음 표3에 나타나 있다.

선택 확률 0.5는 지지 정당을 선택하는 데 영향을 미치지 않았음을 의미한다. 0.5보다 높은 경우는 정당 지지에 긍정적 영향을, 0.5보다 낮은 경우는 부정적 영향을 끼쳤음을 보여준다.

이를 염두에 놓고 표3을 살펴보자. 중요한 점은 다음 두 가지다. 먼저 자민당 정책은 다른 정당과 비교할 때 강한 지지를 받지 못한다는 사실이다. 특히 '원자력발전·에너지' 정책에서는

---

17) 호리우치 유사쿠(堀内勇作) 「메니페스토 선거를 의심하라: 2021년 총선으로 보는 계량정치학(マニフェスト選挙を疑え: 2021年総選挙の計量政治) 니케이비즈니스 https://business.nikkei.com/atcl/gen/19/00351/120200011/?P=2(2022년 2월 14일 열람). 표의 출처도 같은 기사임. 원주.

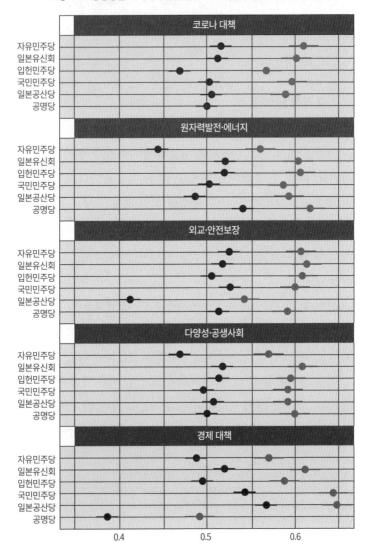

「표3」 ●정당명을 표시하지 않은 경우 ●자민당 정책이라고 명시한 경우

코로나 대책
- 자유민주당
- 일본유신회
- 입헌민주당
- 국민민주당
- 일본공산당
- 공명당

원자력발전·에너지
- 자유민주당
- 일본유신회
- 입헌민주당
- 국민민주당
- 일본공산당
- 공명당

외교·안전보장
- 자유민주당
- 일본유신회
- 입헌민주당
- 국민민주당
- 일본공산당
- 공명당

다양성·공생사회
- 자유민주당
- 일본유신회
- 입헌민주당
- 국민민주당
- 일본공산당
- 공명당

경제 대책
- 자유민주당
- 일본유신회
- 입헌민주당
- 국민민주당
- 일본공산당
- 공명당

0.4　　0.5　　0.6

여섯 정당 중 최하위를 차지했으며 젠더 관련 정책인 '다양성·공생 사회' 부문에서도 최하위를 기록했다. '경제 정책'도 뒤로 밀렸다. '외교·안전보장' '코로나 대책'에서는 선두에 오르긴 했으나 모두 근소한 차이였으며, 월등한 차이로 지지받은 분야는 하나도 없다.

다른 하나는 그런데도 무슨 이유인지 자민당은 계속 승리한다는 점이다. 호리우치 팀이 준비한 또 하나의 설문이 그 이유를 말해준다.

2021년 조사에서 표1에 나와 있듯이 '정당1' 또는 '정당2'를 여러 번 선택할 수 있게 하고 반복해서 응답을 받았다. 그리고 동일 응답자에게 '정당1'과 '정당2' 대신 '자민당'과 랜덤으로 할당한 다른 정당(예: 입헌민주당)을 밝힌 후 "어느 쪽을 지지합니까?"라고 질문했다. 1차 작업과 2차 작업 모두 각 응답자는 전적으로 같은 내용(랜덤으로 생성한)의 두 가지 정책을 반복적으로 비교했다.

그 결과 '자민당' 패키지 정책이라고 밝힌 경우, 표3의 회색 점이 보여주듯이 그 정책을 선택할 확률이 비약적으로 높아졌다. 더구나 그 패키지 정책 안에 자민당 이외의 정당 정책까지 포함하고 있어도 '자민당'이라는 라벨을 붙이고 있으면, 다시 말해 자민당이 내걸고 있으면 그 정책을 선택할 확률이 10포인트

높아진다.[18]

여기서 매우 명료한 결과를 얻을 수 있다. 어떤 정책이라도 그것이 자민당 정책으로 제시된다면 지지율이 현격히 상승한다. 지지도가 바닥을 치는 공산당의 외교안보 정책조차 자민당 정책으로 제시되면 선택 확률 0.5를 웃돌 정도로 긍정적 평가를 얻는 것이다.

이 실험적 조사의 결과가 말해주는 것은 꽤 많은 유권자가 각 정당의 정책은 거의 보지 않은 채 단지 '자민당'이니까 자민당에 표를 던지고 있다는 사실이다. 그것 말고는 이유가 없다. 호리우치 팀은 정치학자로서 "정당의 '속성(=정책)'은 이번 총선의 주요 쟁점"이라는 상식적 전제에서 조사를 기획하고 시작했지만, 조사 결과가 보여줬듯이 상식은 현실과 크게 괴리돼 있었다.

5. 무엇이 선을 넘게 만들었나

일본 유권자의 정치적 무지와 사고 정지가 자민당 지지로 이어진 탓에 자공정권[19]이 안정을 누리고 있는 것인지 아닌지 현

---

18) 주석 16과 같음. 원주.
19) 자유민주당과 공명당의 연합정권을 이르는 말.

재로서는 알 수 없다. 또 현재 미국에서 정치적 무지가 확산하고 있는지도 판단할 근거가 부족하다.

하지만 한 가지 확실하게 말할 수 있는 것은 일본이든 미국이든 정치적 무지가 만연한 사회일수록 유언비어나 음모론이 널리 퍼지기 쉽다는 사실이다. 앞서 언급한 소민은 정치에 대한 기초 소양이 부족할수록 황당한 이야기에 빠지기 쉽다는 점을 지적했다.[20] 그렇게 가다가는 일찍이 없었던 이상한 권력의 부상을 마주하게 될 것이다.

양식 있는 미국인이라면 트럼프 내각의 등장에 전례 없는 위기감을 느끼며 격한 혐오를 드러냈다. 무지라는 온실에서 자란 가짜 괴물이 진짜 권력을 쥔 셈이니 그런 사태를 마주하곤 당혹스러웠을 것이다. 물론 미국에서도 상대 당을 적대시하며 강력한 비판을 퍼붓거나 사실을 왜곡하는 정치인은 지금껏 셀 수 없이 많았겠지만, 트럼프에게 왕좌를 내준 일은 결정적으로 무언가가 선을 넘어버렸다는 느낌을 준다.

그렇다면 그 '무언가'는 무엇일까. 스티븐 레비츠키와 대니엘 지블랫은 베스트셀러 『어떻게 민주주의는 무너지는가』[21]에서 트럼프 현상은 돌발적으로 일어난 게 아니라 이미 오래전부

---

20) 주석 15의 같은 책 90쪽. 원주.

21 『민주주의가 죽는 법—양극화하는 정치가 초래할 독재의 길(民主主義の死に方 - 二極化する政治が招く独裁への道)』하마노 히로미치(濱野大道) 역, 신초샤, 2018년. 원서 How Democracies Die, Steven Levitsky & Daniel Ziblatt, Crown, 2018년.

터 진행됐던 정치문화 퇴행의 결과라고 분석한다. 이 책에서 두 저자는 미국 민주주의를 지탱해온 암묵적 룰, 즉 법을 준수하고 선례를 존중하며, 상대 당을 적이 아닌 경쟁자로 대하고 비판적 미디어에 경의를 표했던 이른바 '상호적 관용과 조직적 자제심'[22]이라는 규범은 이미 트럼프 출현 전부터 침식돼 왔다고 말한다. 일단 룰이 무너지면 공격당한 쪽은 보복하기 위해 룰을 한층 더 깨면서 대항하고, 그러면 다시 또 보복이 돌아오면서 룰이 깨진다. 이런 악순환을 거듭하면서 규범은 붕괴한다. 트럼프의 등장은 이런 과정의 연장선이라는 것이다.

물론 이처럼 당파 대립이 격화한 배경에는 인종 문제와 계급 간 격차라는 이른바 '미국 사회 양극화' 현실이 있다. 그런 상황에서 정치인들은 지지를 얻기 위해 양쪽으로 갈라진 유권자에게 융합을 호소하기보다는 오히려 양극화를 촉진하는 언동으로 지지층을 결집하고 있다. 그렇게 룰 깨기를 상시화하여 사회 내부의 적대성을 앙진한다. 거기에 무지를 양분 삼아 번식한 유언비어나 음모론이 투입된다. 따라서 확신범처럼 선을 넘을 수 있다고 생각한 집단을 만들어낸 건 바로 그런 상황을 이용한 권력의 출현이다. 그 귀결이 2021년 1월 6일에 일어난 미국 국회의사당 점거 폭동으로 인한 참사였다.

---

22) 같은 책 133쪽.

6. 타자의 참기 어려움을 견뎌내기

그렇다면 일본 상황은 어떨까? 큰 차이가 없다고 본다. 국회에서 수많은 거짓말을 뱉어 온 아베 신조가 오히려 초장기 집권을 이뤄낸 건 가짜 왕 트럼프보다 앞선 사례로 봐도 무방할 것이다. 아베 정권 시절부터 지금까지 유언비어나 음모론은 그 유통량이 비약적으로 증가했다. 아베노믹스가 요란하게 등장했을 무렵, 서점가 매대에는 아베노믹스를 찬양하는 책이 산더미를 이뤘었는데 그것이 바로 상징이라 할 수 있다.

정치 영역의 여러 쟁점 중에서 경제 정책은 역사 논쟁 등에 비해 가치 중립적이어야 하지만, 경제 정책 관련한 유언비어와 가짜 뉴스가 홍수처럼 쏟아졌다. 그런 책 상당수는 필연적으로 혐오 서적(출판사, 표지 분위기, 일본경제 부흥과 한국·중국의 몰락을 설파한 내용 등)과 닮은꼴이었다.

이처럼 지난 10년 동안 사회적 분단은 명확해졌고 더욱 격렬해지고 있다. 레비츠키와 지블랫이 말한 '규범의 붕괴'는 이제 여야 대립 국면뿐 아니라 집권 여당 내부 항쟁으로까지 번지는 형국에 이르렀다. 작년 자민당 총재를 뽑는 선거전에서 고노 다로 후보를 공격해 다카이치 사나에 후보를 끌어올리려 했던, 엄청난 규모의 정보 공작을 상기해 보라. 아마도 다량의 자금이 투입됐을 텐데 인터넷 공간에 유포된 언설의 내용과 형식으로 미뤄볼 때, 이것은 특정 후보를 '라이벌'이 아닌 '적'으로 대하는 것과 다름없었다.

우리가 지금 보고 있는 건 민주주의의 잔해일까. 아니면 플라톤을 비롯한 그리스 철학자가 경고한 것처럼 민주주의란 원래 그런 것으로 현재 그 본질이 전면적으로 드러난 것뿐일까. 지금 성급하게 판단할 수는 없지만 분명한 건 사회에 내재한 대립이 어느 임계치를 넘으면 민주주의는 제대로 작동하지 않는다는 사실이다. 권력을 쥐려고 하는 자는 다수의 지지를 얻기 위해 적대감을 부추기고, 무지라는 기초 위에 거짓을 재료로 성곽을 쌓는다. 그런 까닭으로 미국에서 일어난 국회의사당 점거 폭동은 강 건너 불이 아니다. 일본에서도 혐오 범죄라는 형태로 이와 비슷한 사건은 이미 산발적으로 일어나고 있다.

민주주의 현실이 이와 같다면 이쯤에서 후퇴하고 싶은 사람이 나오는 건 당연하다. 일본 정치인의 행태만 보더라도 그들은 국민이 민주주의에 관심을 버리고, 자발적으로 후퇴해주길 바라는 것 같다. 실제로 최근 실시한 국정 선거 투표율로 추측건대 대략 절반의 유권자는 이미 후퇴를 마쳤다.

그러나 여전히 민주주의를 폐지하고 다른 통치 형태를 도입하는 일은 현실적으로 어려울 것이다. 예를 들어 중국의 일당독재 모델은 민주주의 절차(합의 형성 과정이 복잡하고 심지어 구경거리로 전락해가지만)를 생략하기에 일면 효율적으로 보이지만, 중국

내 공안 유지를 위한 예산이 군사 예산을 웃돌 정도라고 한다. 너른 합의 형성도 없고, 동의도 구하지 않는 통치 형태는 민주주의와 다른 형태로 막대한 비용이 든다는 것을 증명하는 셈이다.

민주주의로부터 후퇴가 불가능하다면 우리는 무엇을 각오해야 할까. 명백하게 말할 수 있는 건 타자의 참기 어려움을 견뎌내야 한다는 것이다. 또한 그것보다 앞서 적대감을 갖지 않는 게 중요하다. 이처럼 민주주의는 우리가 긴장하지 않으면 안 될 정도의 어려운 일을 요구한다. 하지만 그 어려움은, 통치 권력이 민주주의를 부정하는 국가나 지역에서 민주주의를 요구하는 사람들이 직면한 그것, 즉 폭력에 비할 바는 아니라는 것 또한 알아야 한다.

후퇴전과 패전 처리

나카타 고(中田考) | 이슬람 법학연구자

서문

우치다 선생은 '아이가 태어나지 않는 노인뿐인 나라'라면 어떤 제도를 마련해야 사람들이 나름대로 풍요롭고 행복하게 살아갈 수 있을지와 일본이 세계를 향해 '모델'을 제시해야 한다는 내용을 담은 '후퇴' 원고를 부탁해 왔다.

요청받은 원고를 쓰려면 일본을 중심으로 작성해야 한다. 나는 일본 문화를 무척 사랑한다. 예전에 살았던 적이 있어 조금은 알고 있는 이집트, 사우디아라비아, 아프가니스탄, 시리아 등에 비하면 일본은 천국 같은 나라라고 생각한다. 그렇지만 내가 일본이라는 국가를 마음으로 깊이 생각하는 건 아니다. 또 국민의 한 사람으로서 주체적으로 어떤 꿈이나 희망을 품고 무언가를 하고 싶다거나 바라는 바도 일절 없다. 그런 내가 무슨 자격으로 원고를 쓸까 잠시 주저했지만 앞으로 서술할 두 가지 이유로 결국 기고 의뢰를 받아들이기로 했다.

1. 패전 처리

미리 밝히자면 나는 국민 국가 시스템 안에서 민주주의 체제를 가진 일본의 미래와 관련해서는 전혀 관심이 없다. 그러나 니체가 예언한 니힐리즘의 두 세기(20~21세기 후반)에 걸친 시대상, 즉 문명 부흥과 제국의 재편 과정에서 동아시아 중화 문명권의 주변 문명으로서 일본의 미래에 대해서는 생각하는 바가 있다. 이 자리에서 그것을 얘기해본다면 의미가 있지 않을까 싶다.

결론부터 말하자면 대일본제국이 목표로 삼았던 대동아공영권은 18세기 유럽에서 20세기 미국에 이르는 근대 서구문명과 동아시아 중화문명의 대치 과정에서 나온 대응 중 하나로써 이민족 왕조 수립 시도였다고 할 수 있다. 현재 일본이 해야 할 일은 실패로 끝난 태평양전쟁의 패전 처리다.

또 다른 이유를 말하자면, 개인적 사정이긴 한데 나는 15년 전 목표로 삼았던 일의 실패 후 패전 처리에 여생을 보내고 있다. 일본의 거시적 과제인 태평양전쟁의 패전 처리와 나의 미시적 삶에서의 패전 처리는 내 안에서 하나로 연결돼 있다. 즉 키

워드는 '패전 처리'라 할 수 있는데, 내가 '패전 처리'라고 부르는 것과 우치다 선생이 말하는 '후퇴전'은 공통점을 갖고 있다고 생각한다. 왜 그런지 알기 쉽게 설명한다면 앞으로 일본의 미래를 짊어질 청년에게 혹시라도 도움이 될 만한 힌트를 줄 수 있을지도 모르겠다.

2. 2010년의 미래 예측 : 일본의 몰락, 국수주의화, 전체주의화

먼저 10년 전의 근미래 예측을 돌아보고, 현재 내가 생각하는 장래 일본의 이야기를 하려 한다. 우치다 선생이 말했듯이[23] 우리는 빗나간 예측으로부터 가설을 수정하면서 사고의 틀과 그 범위를 확장해 미래 동향 분석의 정밀도를 높여갈 수 있다. 다음은 미래 예측과 관련해 내가 트위터에 올렸던 글을 모아 놓은 것이다.

이전에 예고한 대로 미국 관료는 민주당의 대미독립 시도를 짓뭉갤 것이고, 민주당 정권 붕괴 후에는 포퓰리스트가 이끄는 중우(衆愚) 정치가 출현해 호랑이(미국)의 위세를 빌린 '초국수

---

23) http://blog.tatsuru.com/2008/12/03_0905.html. 원주.

주의' 익찬정권[24]이 창출될 것이다. (posted at 12:51:34)

그리고서는 중국과 한반도를 적으로 돌리고 배외주의와 인종차별로 치달아 국제사회로부터 비난을 받게 된다. 미국은 세계 분할을 놓고 중국과 손잡아 일본을 내친다. 주인으로부터 버려진 일본은 고립되고 언덕에서 굴러떨어지듯이 몰락할 것이다. (posted at 13:10:11)

그렇군요. 고도성장 시대에 어린 시절을 보냈고 버블 시기에 학창시절을 보낸 사람으로서 일본의 쇠락을 통감하고 있습니다. (후략) (posted at 13:19:43)

패전 처리는 의욕을 불러일으키기 어려운 일이지만 환상을 걷어내 패전 사실을 직시하고 보상받지 못함을 인식한 후 담담하게 자신의 의무를 다할 각오를 다진 자에게만 우리의 마음을 맡길 수 있습니다. (posted at 13:20:51)

일본 GDP는 2010년 이미 중국에 밀려 세계 3위로 떨어졌으며(구매력 평가 환산으로는 2009년 인도에 이어 세계 4위) 1인당 GDP도

---

24) 획일적 정치 구조로 권력을 독점하는 정권

2018년, 같은 동아시아 국가인 한국이 추월했다. 경제뿐 아니라 과학 분야도 후퇴하고 있다. '문부성 과학기술지표 2021'에 따르면 과학지에 게재된 자연과학 논문 인용 지수도 10년 전 세계 5위에서 10위로 떨어졌다. 그런데도 연구 개발비는 전년 대비 미국이 8.2%, 중국이 12.8% 증가할 때 일본은 0.5% 증가에 그친 정체 상태에 놓여 있다. 박사학위 취득자 수도 2000년에는 미국이나 한국과 비슷한 수준이었지만 최근에는 약 50%까지 줄어드는 감소세를 보인다.

안타까운 일이지만 일본 경제와 과학의 쇠락은 불가역적 일이다. 국력을 경제와 과학이라는 척도로 돌아보면 일본은 이미 미국과 중국에 패배했다. 앞으로도 여타 아시아 국가에 차례차례 추월당할 것이다. 향후 일본은 우치다 선생의 언어로는 후퇴전, 내 표현으로는 패전 처리 단계에 들어선다. 그런데 일본 패전의 본질은 경제나 기술이 아니라 정치와 문화에 있다는 것을 알아야 한다. 이것과 관련해서는 2016년부터 2018년에 걸친 미래 예측 트윗 소개와 함께 다음 절에서 논하기로 하자.

3. 2016년의 징후, 관료 수준의 저하

우선 2016년에 있었던 참의원 선거를 놓고 7월 11일에 올렸던 일련의 트윗을 소개하고자 한다.

눈 떠보니 아베 정권이 압승하고 있었다. (posted at 01:17:48)

포퓰리스트에 의한 중우정치가 출현하고 호랑이 같은 미국의 위세를 빌려 '초국수주의' 익찬정치가 시작되리라 예상했지만, 생각보다 그 속도가 더디네. 일본은 아직 간신히 버티는 중. (posted at 01:48:34)

예상 외로 일본이 버틸 수 있는 이유는 당연하지만 중우정치로 나타난 실즈[25] 같은 지푸라기 인형의 존재에 있지 않다. 그들은 아베 정권에 정당성을 부여하는 그저 어릿광대에 불과하니까. (posted at 02:13:38)

일본의 급속한 초국수주의화의 장애물은 (5년 전의 나는 눈치채지 못했지만) 의외로 첫째, 내가 가장 싫어하는 관료(특히 고위 관료)의 선례주의와 프로페셔널리즘. 둘째는 지금은 더 이상 서브컬처가 아니라 '교양'이 된 만화와 애니메이션의 존재

---

25) 자유와 민주주의를 위한 학생 긴급 행동(SEALDs : Students Emergency Action for Liberal Democracy)의 약칭으로 2015년부터 2016년까지 활발한 활동을 펼치면서 신시대 학생운동이라는 평가를 받았다.

다. (posted at 02:20:32)

(만화와 애니메이션에 관해서는 나중에 다시 논하기로) '관료의 선례주의와 프로페셔널리즘'이란 '아베의 지리멸렬하고 바보 같은 정치에 놀아날까 보냐'라는 논리적 일관성과 선례의 적합성을 중시하는 고위관료 엘리트주의 자긍심. (posted at 02:26:25)

하지만 이런 관료의 저항도 그리 오래가지 않을 것이다. 내 또래 관료라면 그런 역겨움을 참지 못하는 엘리트로서 긍지가 있지만, 문부성의 우민화 교육을 받은 나보다 15년 아래 세대 관료 대부분은 긍지는 간데없고 무사안일주의에만 빠진 듯하다. (posted at 02:32:09)

2016년 2월 18일에는 아래와 같은 트윗을 남겼었다.

…도쿄대 법학부 출신의, 선례를 중시하고 법무 감각이 있는 고위 관료들이 일본의 급속 붕괴를 막고 있다. 그러나 그것도 오래가지 못한다. 선례보다 권력자의 의중을 중시해 자의적으로 법을 운용하는, 부끄러움을 모르는 젊은 세대 관료가 실권을 잡으면 독재를 막는 최후의 방어선이 깨진다. (posted at 16:14:57)

2010년, 민주당 정권의 붕괴를 지켜보며 내가 예측한 미래는 대미종속 구조의 '초국수주의' 익찬정권 성립이었다. 그런데 제3차(제2차 개조) 아베 내각(2016년 8월 3일~2017년 8월 3일)에서 다카이치 사나에(총무대신), 이나다 도모미(방위대신) 같은 극우 정치인을 내세우며 재임 기간 사상 최장 정권을 안정적으로 유지했음에도 결국 공약으로 내걸었던 헌법 개정은 없었다. 그뿐만이 아니라 IS(이슬람 국가)와 전쟁을 위한 국제사회의 반테러리즘 법제화 압력에도 전전(戰前)의 치안 유지법 같은 반테러법도 제정하지 않았다. 심지어 기존의 파괴 활동 방지법조차 발동하지 않았다.

나는 2014년 아베 정권 시절 '사전 예비 및 공모죄'[26] 혐의를 받고 2019년 불기소 처분되는 과정에서 당사자로서 아베 정권의 우경화를 관찰해 왔다. 그 과정에서 알게 된 점은 일본이 쇠락하고 국수주의, 전체주의로 흘러가는 데에는 전혀 다른 역학이 작용한다는 사실이었다.

일본이 쇠락하는 것은 일본의 독자적 현상이지만 국수주의화와 전체주의화는 세계적 경향이다. 누가 보더라도 이런 경향은 2017년 미국에서 트럼프 행정부가 들어서면서 명확해졌지만, 지난날을 돌아보면 2001년 발생한 동시 다발 테러에 대해

---

26) 외국과 사적으로 전투 행위를 하기 위해 준비하거나 음모를 꾀하는 죄.

미국이 시작한 '테러와의 전쟁'이 시작점이다. 2014년 시리아 내전의 난민 위기를 기점으로 단숨에 구미 각국에서 세계로 확산했고 트럼프 행정부 성립으로 가시화한 것이다. 그리고 국수주의화와 전체주의화는 유럽 열강의 식민지 지배가 세계에 퍼뜨린 '민족주의' '민주주의'가 가져온 결과이다.

일본의 국수주의화와 전체주의화는 서구가 세계에 뿌린 '민족주의' '민주주의', 정확히 말하자면 '민족주의' '민주주의'와 '보편적 인권' '자유'의 이념 사이의 모순이 초래한 결과로 그 모순을 깨닫지 못하는 한 멈추게 할 수 없다. 일본의 진보 세력이 계속 패배하는 이유가 여기에 있다. 그런데 국수주의화와 전체주의화의 진행 속도는 내 예상보다 더 많은 시간이 걸리고 있다. 그 원인을 최근에야 깨달았는데 의외로 일본의 쇠락 원인이기도 한 관료의 무사안일주의와 선례주의가 바로 그것이다.

고이즈미 '개혁'으로 총리 관저는 관료 지배를 강화하기 시작했고 2009년 하토야마 정권은 '사무차관회의'를 폐지했다. 2013년 아베 정권에 이르러서는 중앙부처 간부 인사를 일원화해 관리하는 내각인사국을 신설했다. 21세기에 들어서 점점 관료의 힘이 약해졌다고는 하지만 당시만 해도 고위 관료 대부분은 긍지가 있었다. 그들이 지금까지 전후 70년에 걸쳐 쌓아 온 선례와 판례를 지키며 저항해 왔기에 아베 정권은 결국 개헌하지 못했고, 일본을 전전의 치안유지법 체제와 같은 경찰 국가로

되돌릴 수 없었다.

하지만 젊은 세대에게 그런 에토스는 계승되지 않고 있다. 오히려 요즘에는 젊은 관료의 이탈이 급속히 진행되고 있다. 공무원 종합직 합격자 중에서 도쿄대 출신이 차지하는 비율이 최근 10년 동안 약 30%에서 약 15%로 절반 감소했다. 그것이 좋은 일인지 아닌지를 떠나 이제 관료에게서 자신들이 일본을 지탱한다는 자긍심을 찾아보기가 어려운 일이 됐다.

2018년에는 모리모토 학원 문제[27]가 터졌다. 아베 정권을 위한 재무성의 공문서 위조 의혹이 사실로 드러났다. 공문서 관리는 근대 이전 고대부터 관료제를 유지하는 기반이다. 관료가 정치에 제동을 거는 일은 오래가지 못할 것이라는 예측이 2년도 지나지 않아 공문서 위조라는 명확한 형태로 실현됐다.

4. 대일본제국의 패전 처리

안타깝지만 나는 개인의 노력이 모여 자체적으로 좋은 방향으로 변화하는 일본의 미래를 상상할 수 없다. 일본은 외부의 힘

---

27) 모리토모 학원이 초등학교 부지 매입 당시 국유지를 감정가인 9억 3,400만 엔보다 훨씬 낮은 가격인 1억 3400만 엔에 구입하는 과정에서 아베 총리가 영향력을 행사했다는 의혹. 당시 국유지 매각을 담당한 공무원이 공문서 위조 과정에 고위급의 지시가 있었다는 유서를 남기며 스스로 목숨을 끊자 재무성은 문서 조작을 인정했다.

으로만 변할 수 있지만, 외압이 어떤 형태로 올지 현재 시점에서는 알 수 없다. 지금 세계는 제국이 부활하고 문명이 재편하는 시대를 맞고 있다. 탈레반에게 패한 미군이 아프가니스탄에서 철수함으로써 미국 패권주의의 쇠퇴가 표면화했다. 이로써 유라시아에는 지정학적 대변동이 일어나 미국, 중국, 러시아가 이뤘던 힘의 균형에 균열이 일어났다. 따라서 예측할 수 있는 것은 이런 변화에 일본이 휘말릴 수 있다는 사실이다.

미·중·러 패권 경쟁이 강대국 간 본격 전쟁으로 확산할지 대리 전쟁 형태의 소규모 분쟁으로 그칠지는 전망할 수 없지만, 미국의 속국인 일본은 선택지가 그리 많지 않다. 앞으로 일본은 미국의 속국으로서 치열한 외교무대에서 따돌림당한 채 미·중·러의 각축장이 될 것이라고 나는 예측한다. 물론 미·중·러가 일본을 삼분하는 극적인 시나리오는 실현 가능성이 작다고 보지만, 예컨대 미군이 요코타와 요코스카 기지를 확장해 일본 속국화를 강화하는 대신 오키나와에서 철수하고, 센카쿠 열도(댜오위다오. 편집자주)의 중국 군사 기지화와 북방 영토의 러시아 군사 기지화를 인정하는 정도는 상정하고 시뮬레이션 해놓는 편이 좋을 것이다. 그런데 이 책의 독자 여러분 중에는 가까운 미래에 일본의 정책 결정자가 될 사람은 아마 없으리라 본다. 그러니까 굳이 주어를 '국가'로 놓고 읽을 필요는 없다. 한 사람의 일본 국민, 나아가 인류의 한 사람으로서 생각하면 충분하다.

서구 열강의 세계 식민지 시대인 19세기, 계몽전제군주 치하의 러시아도 서구화와 근대화의 길에 올라타 튀르키예계 여러 칸국을 정복하고 유라시아의 승자가 되면서 서구 열강 반열에 오르며 동아시아 진출을 호시탐탐 노리고 있었다.

　한편 동아시아에서는 탈아론 노선 채택 후 근대화에 빠르게 성공해 청일전쟁에서 청나라를 꺾고 대동아공영권이라는 이름 아래 새로운 중화 질서로써 이민족 왕조가 되고자 하는 대일본제국이 나타났다. 또한 '중체서용'[28] '양무운동'[29]으로 이민족 왕조를 재건하려는 청나라제국에 대해 '멸만흥한'[30]이라는 기치를 내걸고 이민족 왕조를 타도하려는 한족 중심의 중화 질서 부흥을 목표로 하는 혁명(신해혁명, 중화민국)이 일어났다.

　일본은 러일전쟁의 승리로 열강 대열에 오르고 제1차 세계대전에서 연합국 측에 참전해 승전 5대 강국의 한자리를 차지한다. 승전국 자격으로 파리강화회의에 참가해 베르사유조약으로 독일이 점령했던 산둥반도의 이권을 넘겨받았다. 그 후 중일전쟁을 시작으로 태평양전쟁에 돌입했다가 패배해 1945년에 무조건 항복으로 해외 식민지를 모두 잃는다.

　일본이 해야 할 패전 처리란 냉전이 끝난 후의 신세계 질서

---

28) 中体西用, 서양 문물을 부분적으로 수용하자는 온건적 개화사상.
29) 洋務運動, 서양 문물과 기술을 받아들여 부국강병하고자 한 청나라의 자강 운동.
30) 滅滿興漢, 청나라 왕조를 무너뜨리고 한족의 주체성을 회복하자는 뜻.

속에서 벌어진 경제나 과학기술 전쟁의 패전 처리뿐 아니라 태평양전쟁의 패전 처리를 포함한다. 국제법적으로 극동국제군사재판(도쿄재판)이나 미일강화조약(샌프란시스코 평화조약)으로 매듭을 지었다고 생각하는 건 오판이다. 태평양전쟁 자체는 19세기 서구의 동아시아 지배가 초래한 대응으로 본래의 전범은 서구라 할 수 있기에 구미 전승국에 의한 패전 처리가 적절할 리 없다. 그렇다고 해서 네트 우익[31]이 말하듯이 전후 처리가 일본에 불공평했다는 이야기는 아니다. 오히려 정반대다.

내가 주목하는 건 아흐메트 다부토을루(튀르키예 전 총리)가 이야기하는 오스만제국의 계승 국가로서 튀르키예가 과거 오스만제국이 지배했던 여러 민족에 대한 책임이다. 이슬람 사고방식으로 말하자면 책임이란 권리를 부여받은 정치 권력에게 강제되는 것이 아니라 자신이 가진 힘에 따라 자동으로 생겨난다.

나처럼 일본에서 먼 중동 이슬람 세계를 연구 영역으로 삼다 보면 과거 대일본제국이 지배했던 영역 안팎에서 일본의 존재감 차이를 확실하게 느낄 수 있다. 누구나 일본의 경제력이 쇠약해지는 걸 알지만, 여전히 일본은 세계 3위, 4위를 차지하는 경제 대국으로 예전에 일본이 지배했던 영역에서는 지금도 경제나 문화적으로 커다란 영향력을 갖고 있다. 그런 힘을 그들을 위

---

31) ネット右翼, 인터넷 상에서 활동하는 국수주의 성향의 극우 네티즌을 가르키는 말.

해 사용하는 것이 내가 말하는 패전 처리이다.

그들이란 패전 전에 일본인 신분으로 대일본제국의 전장에 끌려갔다가 전후에는 일본 국적을 박탈당한 사람들은 말할 것도 없고, 지금도 압정에 시달리는 사람들이다. 특히 이민족 왕조 자리를 차지하려 했던 대일본제국의 시도가 실패한 후 근대화에 매달린 후 자본주의 노선을 취한 국민당과의 내전에서 승리한 중화인민공화국의 억압으로 고초에 시달리는 소수 민족을 포함한다.

그렇다고 내가 서구가 아시아나 아프리카를 지배하면서 강요한 민주주의나 인권의 가치를 내세우자는 건 아니다. 동아시아 사람이 공유하는 유교와 불교의 가르침에 따라 인륜에 어긋난 행위를 바로 잡자는 이야기다. 그것이 바로 행동이 뒤따르지 않아 인심마저 잃고, 결국 실현하지 못했던 대동아공영권이라는 이상을 청산하는 일이자 태평양전쟁의 패전 처리다.

5. 왜 패전 처리인가

'패전 처리'라는 말은 야구 용어에서 온 비유적 표현이니 너무 세세하게 집착하지 않길 바란다. 핵심은 다음 경기가 있으므로 패전 처리에 의미가 있다는 점이다. 다음 시합이 없다면 질게 뻔한 경기 따위는 팽개치고 놀러 가는 편이 나을지도 모른다. 앞서 나의 여생은 패전 처리라고 언급했다. 여생을 패전 처리로 보낸다는 말은 다음 경기를 대비한다는 의미로 여기서 다음 경기라는 건 다음 생을 말한다. 다시 말해 나는 이미 현생의 개인적 희망을 모두 잃었기에 다음 생의 희망을 위해 남은 생을 보내고 있다.

다음 경기가 있으므로 태평양전쟁의 패전 처리도 가능하다고 생각한다. 다음 경기는 아브라함교[32]에서 말하는 유일신 천국이든, 불교나 힌두교에서 말하는 윤회든 상관없으며 반드시 개인의 내세일 필요도 없다. 신토[33]나 유교 아니면 민족 종교처럼 조상신이 되어 후손을 살핀다 해도 상관없다.

다만 조심해야 할 것은 신토나 유교와 세속적 내셔널리즘은 닮은 듯하지만 서로 다르다는 점이다. 근대 서구에서 생겨난 세속적 내셔널리즘은 생육과 친족 같은 인간관계에서 비롯된 신토나 유교가 가진 인류 기반이 없다. 부국강병을 구호로 내걸면서 안에서는 지배 계급의 착취를 은폐하는 동시에 민중의 헌신을 유도하고, 밖으로는 다른 국가를 경쟁하는 적으로 간주하는 이데올로기로서 내셔널리즘은 인류의 기초가 될 수 없다.

칸트와 헤겔은 잘못 생각했다. 내셔널리즘으로는 동아시아

---

32) 유대교, 크리스트교, 이슬람교.
33) 조상과 자연을 섬기는 일본 종교.

에서 정치·경제·문화적으로 억압된 민족과 공존공영을 실현하기 어렵다. 아무리 교언영색을 늘어놓더라도 일본인을 위해 타민족을 이용했던 대일본제국과 다를 바가 없다.

따라서 패전 처리의 주체는 국가로서 일본이 아니라 개인 자신이나 뜻을 함께하는 동료가 되어야 한다. 마음을 함께하는 자라면 어느 민족인지를 따지지 않는다. 거꾸로 같은 일본인이라고 해도 뜻을 공유하지 않는 자라면 신경 쓰지 않는 게 좋다. 어느 시대나 뜻이 맞는 사람은 소수였다. 의지가 없는 자에게 함께하자고 말해봤자 소용없는 일이다. 쓸데없는 일에 자신을 소모하는 것은 어리석은 짓이다.

이 책의 독자 대부분은 태평양전쟁이 끝난 후에 태어났기에 전쟁 책임은 없다고 생각할 것이다. 그럴 수 있다고 생각한다. 그런데 선대가 심은 나무와 개척한 농토, 닦아 놓은 도로와 철도 그리고 가스와 수도, 일으킨 기업과 공장과 축적한 재산 등을 누리며 사는 한, 지금의 우리가 일으킨 전쟁이 아닐지라도 책임을 져야 한다고 생각하는 사람도 있다.

사실 어떤 죄라도 속죄할 수 없다. 좋은 짓이든 나쁜 짓이든 저지른 일은 돌이킬 수 없다. 아브라함교의 유일신 사고방식으로는 죄 없는 자가 속죄함으로써 화해를 이루게 된다(속죄의 어린양). 그런데 (선조가 다하지 못한 약속과 저지른 과오를 청산하지 않은 건 미안하지만) 태평양전쟁은 자신이 저지른 죄가 아니므로 패전 처리라고 해서 죄책감에 괴로워할 필요는 없다. 선대의 유산을 물려받는 일을 특별히 부담으로 느낄 필요가 없는 것과 같다. 중요한 것은 심정적으로 죄책감을 느끼기보다는 상속받은 유산을 선대가 저지른 과오 청산을 위해 어디에 어떻게 쓰느냐이다. 문제는 과거에 매달린 '마음'이 아니라 미래를 향한 '행동'이다. 인간은 자유롭지도 평등하지도 않다. 인간은 서로 다른 시간과 장소에서 태어나 죽는다. 제각각 선대로부터 물려받는 유산 중에는 부정적 유산도 당연히 포함된다. 속죄할 수 없다고 끙끙 앓을 필요가 없다. 우리에게 주어진 질문은 그런 유산을 얼마나 올바르게 사용하는가 말고는 없다.

다행히 지금 시대는 인터넷으로 누구나 동아시아 각 지역의 한자로 쓰인 역사 아카이브 자료를 접할 수 있고, 드라마나 음악 또는 애니메이션 등 서브컬처도 즐길 수 있다. 또한 뉴스는 물론 현지에서 발신한 SNS 정보도 직접 확인할 수 있다. 지금 일본은 드라마, 음악, 패션 등에서 중국이나 한국에 뒤처져 영향력을 잃었지만, 1980년대와 1990년대 일본의 서브컬처는 동아시아를 석권해 TV나 만화, 음악뿐 아니라 길거리 풍경부터 패션까지 일본풍 일색이었다.

물론 그 '일본풍'은 대일본제국 시절의 일본이 아니라 미국에 속국화한 일본이라는 사실을 잊으면 안 된다. 그래도 동아시아 아이들은 수퍼맨보다 호빵맨을 더 좋아한다.

『재팬 애즈 넘버원』(에즈라 보겔, 1979년)이라는 책이 나올 정도로 1970년~1908년대 일본은 경제적 번영을 누렸지만, 안타깝게도 국가로서 일본은 그런 경제력을 바탕으로 경제를 더욱 발전시키지 못했고 정치 대국으로 발돋움하거나 과학 기술력 또한 높이지 못했다. 그리고 무엇보다 세상을 좋게 만들지 못했다.

하지만 대일본제국과 일본이 군사력, 정치력, 경제력으로 할수 없었던 동아시아의 화합을 속국 일본의 일본인이 서브컬처로 어느 정도 실현할 수 있었다고 생각한다. 일본 애니메이션은 현대판 성장소설이라고 할 수 있다. 미국과 유럽, 일본, 중국 등의 위정자들이 뻔뻔하게 내뱉는 자유, 인권, 민주, 번영, 안정이라는 거짓된 미사여구보다 호빵맨, 손오공, 나루토, 쓰키노 우사기,[34] 이타도리 유지,[35] 카마도 탄지로가 살아가는 방식과 언어가 국가라는 틀을 넘어 동아시아 젊은이의 마음을 사로잡는 롤모델이 됐다.

내가 생각하는 태평양전쟁의 패전 처리는 일본 애니메이션을 보고 자란 동아시아 젊은이들이 서로의 언어와 문화에 관심을 가지고 우선은 온라인이든 오프라인이든 교류를 증진하는 일이다. 그런 과정에서 본래 자유로워야 할 교류를 경제와 사회 환경, 각국의 법률, 국제법 등의 장애물이 가로막고 있었다는 사

34) 「세일러문」의 주인공.
35) 「주술회전」의 주인공.

실을 깨닫고, 이를 개선하기 위해 무엇을 할 수 있는지 고민하면서 일본 애니메이션 주인공처럼 싸워야 한다.

내가 할 수 없다면 그런 사람을 응원해야 한다. 응원을 못 하겠다면 적어도 방해는 말아야 한다. 여러 번 강조하지만 응원할 때 절대로 '국가'나 '내셔널리즘'에 얽매여서는 안 된다. 패전 처리의 주체는 피가 흐르는 육신의 인간만이 할 수 있으니까.

맺음말

일본은 앞으로 국제 정세에 좌우되어 (푸틴적 의미로) '주권 국가'[36]인 미국과 중국 그리고 러시아의 패권 다툼에 농락당하는 길로 갈 것으로 보인다. 하지만 지금도 세계 4위를 차지하는 경제 강국다운 통화 보유량, 세계 최고의 여권 파워,[37] 만화와 애니메이션 같은 소프트파워를 갖춘 일본에 패전 처리에 뜻을 가진 일정 수의 젊은이가 있다면, 국가로서의 '일본'은 쇠퇴하더라도 『사이고난슈유훈(西郷南洲遺訓)』[38]에서 언급한 "미개하고 어리석

---

36) 다른 나라에 안전보장을 의존하는 나라는 '주권 국가'가 아니다. 『제국 러시아의 지정학』 고이즈미 유, PHP연구소, 2019년 참조. 원주.
37) 헨리여권지수(HPI)에 의하면 2023년 일본 여권 파워 순위는 한국과 함께 세계 3위.
38) 사이고 다카모리의 유훈집.

은 나라에는 지극히 잔인한 일을 벌여 이로움을 취한다."는 '야만'의 서구 내셔널리즘을 넘어 동아시아 여러 민족과 함께 번영하는 새로운 동아시아 질서 안에서 일본인은 그에 걸맞은 지위를 얻을 수 있다고 믿는다.

제2장

—

후퇴의 여러 모습

'후퇴'라는 사고방식
- 어느 감염병 전문가의 노트

이와타 겐타로(岩田健太郎) | 감염내과 전문의

1. 인류의 역사는 감염병과 싸워온 역사

'후퇴'를 주제로 한 원고 청탁을 받았지만, 나로서는 나랏일을 논할 능력도 없고 그렇다고 철학적으로 '후퇴적 지성'을 음미하고 풀어낼 힘도 없다(아무도 기대하지 않기도 하고). 여기서 내게 주어진 명제는 현재 세상을 시끄럽게 만들고 있는 '감염병'이라는 문맥에서 바라본 바람직한 후퇴의 모습일 것이다.

돌아보면 사실, 인류는 역사상 감염병과의 전쟁에서 패배를 인정한 적이 전혀 없다. 페스트부터 콜레라, 말라리아, 결핵, 인플루엔자, 에이즈, 에볼라 그리고 신종코로나바이러스 감염병까지. 또 매독, 광견병, 일본뇌염, 디프테리아 등 세상에 존재하는 감염병을 나열하자면 끝이 없고 그것만으로 지면을 다 채울 수 있을 정도다. 정말이지 인류는 다양한 감염병에 시달려 왔으며 지금도 마찬가지다.

페스트는 유럽 인구 상당수를 죽음에 빠뜨렸다. 결핵도 인류의 3분의 1을 감염시켜 수많은 인명을 앗아갔다. 1980년대 에이즈(후천성면역결핍증후군)는 말 그대로 '죽음에 이르는 병'으로 감염자를 죽음으로부터 구해낼 방법을 찾지 못했다. 2014년에는 서아프리카에서 창궐한 에볼라 바이러스로 전 세계가 패닉에 빠지기도 했고, 개발도상국의 지역적 질병도 이제는 무시할 수 없는 상황이라는 사실을 선진 각국은 통감하고 있다. 그리고 신형 코로나 바이러스가 있다. 이 글을 쓰는 시점(2022년 1월) 기준으로 전 세계 3억 명 이상을 감염시키고, 500만 명 이상의 생명을 앗아갔는데도 우리는 근본적 해결책을 찾지 못하고 있다.

나 같은 감염병 전문가는 감염병이 전부 사라지는 세상을 꿈꾸지 않는다. 애초부터 인류는 미생물과 공존하며 건강을 유지해 왔는데, 감염증 인자를 모두 없앤다면(불가능하지만) 그것대로 인류에게 불행한 결과를 초래할 것이다. 항생제를 복용해 장내 세균을 없애버리면 병원성 세균의 내성이 높아져 장염이 발생한다. 건강을 지키는 데 미생물의 균형 유지가 중요한 것이다. 우리가 함부로 항생제를 복용하면 안 되는 이유가 여기에 있다(필요할 땐 복용해야 하지만).

2. 감염병은 확률적 현상

감염병 없는 세상은 감염병 관련 종사자가 목표로 하는 세상이 아니다.

감염병 전문가는 다른 많은 과학자와 마찬가지로 이성적 비관주의자로 있으려 한다(그렇게 못하는 경우는 많지만).

감염병은 확률적 현상으로 그 안에는 위험인자나 위험 행위, 사전 확률, 집단 감염, 팬데믹 등이 있지만, '운명'이나 '섭리' 같은 건 없다. 감염병은 신이 내린 벌이나 인류의 업보가 아니다. 적어도 우리는 그런 안이한 일반 법칙을 확률적 현상 속에서는 찾지 못했다. 병원체는 인류를 괴롭힐 생각도 없고 괴롭게 만들고 싶어 하지도 않는다. 그들은 뇌가 없어 의지도 없다(아마도). 계획이나 생존 전략도 없다. 일어난 현상을 가지고 인간이 마음대로 생각했을 뿐이다.

흔히 "병원체는 숙주를 잃지 않기 위한 생존 전략으로써 자연스럽게 약독화한다."는 소문이 떠돌지만 실제로 병원체는 쉽게 약독화하지 않는다. 사망률이 높은 고위험군 병원체가 전 세계로 잘 퍼지지 않는 현상은 있지만, 그것도 아직은 결과일 뿐 목적이 아니다. 병원체는 일정한 사망률을 유지한 채 몇십 년, 몇백 년 그대로 존재한다. 예컨대 에도 시대에 많은 인명을 앗아간 홍역 바이러스가 대표적이다. 어쩌다 홍역이 일본에 유행하더라도 사망자가 많이 나오지 않는다거나 바이러스 약독화가 진행됐다는 소문이 끊이지 않는다.

그러나 지금도 전 세계에서 매년 1만 명 이상의 사람이 홍역으로 목숨을 잃고 있다는 사실을 고려하면 바이러스는 시간이 지날수록 약독화한다는 가설은 쉽게 받아들이기 어렵다(세계보건기구 https://www.who.int/news-room/fact-sheets/detail/measles). 에도 시대에 특별히 홍역 바이러스의 독성이 강했다기보다는 당시 일본인의 영양 상태가 나빴거나 가옥이나 난방 기구가 충분하지 못했고, 아니면 의료 체계나 치료 방법이 열악했기 때문이라는 또 다른 가설이 더 합리적이라고 나는 생각한다.

물론 신종 코로나바이러스 감염증의 '오미크론종'처럼 중증도가 낮은 미생물도 존재한다. 하지만 그것조차도 유전자의 우연한 돌연변이 결과이지 바이러스 스스로 전략적으로 노리고 취한 건 아니다. 인간이 보기엔 그렇게 보였을 뿐이다. 옛날 사람들이 가뭄을 신이 내린 벌이나 시련으로 생각하고 기우제를 지냈듯이 말이다.

3. 안이한 낙관론을 경계한다

여기까지 읽은 독자 중에는 내 말에 짜증이 나거나 지겨움을 느낀 사람도 있을지 모르겠다. 나와 같은 감염병 전문가는 이렇게 세상을 '가차 없이' 곧이곧대로 보는 경향이 있어 정서나 운명을 찾는 사람이 보기엔 냉정한 사람들로 여겨지기 십상이다. 실제로 우리는 세상을 건조하게 바라보는, 꽤 하드보일드한 시선을 갖고 있다. 좀 더 희망찬 전망은 없냐는 불만 섞인 소리가 나올 법도 하다.

코로나19 대유행이 시작된 이후에도 우리는 수차례 많은 이들로부터 희망적 메시지를 달라는 요청을 받아왔다. 이를테면 "코로나는 감기 같은 거예요." "너무 걱정하지 말아요. 유행은 저절로 사라집니다." 같은. 대중은 사실과 다른 말랑말랑한 메시지를 기대했으나 감염병에 진심인 우리는 기대에 부응하지 않았다. 그러자 그 빈자리에 '자칭 감염병 전문 아무개'들이 우후죽순처럼 들어서기 시작했다. 일본은 세계에서 감염병 전문가 수가 극히 적은 감염병 후진국인데 TV나 유튜브에 나오는 수많은 '자칭 전문가'는 다들 어디에 있다가 나타난 건지!

진짜 감염병 전문가는 안이한 낙관론을 퍼뜨리는 거짓된 방식으로 사람을 안심시키지 않는다. 그것은 진통제만 처방해 놓고 원래의 병은 방치하는 짓이나 마찬가지다. 원전 사고가 일어나기 전에도 원전은 안전하고 청정한 에너지라는 말이 얼마나 많이 떠돌아다녔는지 생각해보라. 모두 안심하는 가운데(고백하자면 나도 안심했다), 누구도 병소를 눈치채지 못했다는 말이다.

우리는 국민의 어릿광대가 아니다. 되지도 않은 이야기로 모두의 기분을 맞출 생각이 없다. 물론 이성적 비관론자라면 이치에 맞지 않는 국민적 억압도 요구하지 않는다. 잘 느끼고 있지 않은 것 같지만 초기에는 '잘 몰랐던' 코로나19도 경험치와 지식이 쌓이면서 스포츠 관람이나 음악회, 영화 감상 및 식당 출입 등 여러 일상생활이 가능해지고 있다. 그런 활동이 다시 이뤄질 수 있었던 이유는 감염병 전문가의 관리 감독에 있다. 우리가 그저 "모두 집 밖으로 나오지 말라."며 겁박하려고 했던 건 아니다. 오로지 팩트에 충실하고 싶었을 뿐이다.

4. 감염병 전문가로서 쓰라린 기억

대중에게 팩트를 제대로 알리지 않으면 오히려 휴머니티에 반하는 비정한 결과를 낳는다. 감염병의 역사를 꿰고 있는 감염병 전문가들은 쓰라린 기억과 함께 그런 사실을 알고 있다.

나균이 일으키는 감염병인 한센병 환자는 오랫동안 '요양원'이라 불리는 시설에 수십 년간 강제로 격리된 채 살아왔다. 나균은 결핵균의 친척뻘(항산균)인데 실제로는 기도로 공기 감염되는 결핵균의 전염력이 월등히 높다. 그런데도 결핵 환자는 일본은 물론 다른 나라에서도 장기 격리 대상이 아니었다. 오히려 결핵 환자는 병약미를 지닌 아름다운 질병으로 묘사되기도 했다. 『마의 산』[1]이나 『바람이 분다』[2] 같은 결핵 문학이 그렇다. 오키타 소지(沖田総司)[3]와 마사오카 시키(正岡子規)[4]도 결핵을 앓다가 죽었지만, 미적 죽음이라는 긍정적 뉘앙스를 남겼다.

반면 나균은 온도가 낮은 부위(코, 손가락 등)에서 잘 번식해 주로 얼굴이나 손가락에 상처를 입힌다. 때로는 한센병 환자의 보기 흉한 외관이 주변인에게 두려움을 준다는 이유로 한센인은 차별과 배제의 대상이 되어 박해받았고, 나아가 공동체로부터 추방당하기도 했다. 이는 영화 「모래 그릇」[5]에 잘 그려져 있다.

한센병에 효과가 있는 치료제가 나오자 감염 위험성이 사라져 의학적으로 격리할 필요가 없게 된 건 1940년대의 일이다. 하지만 격리를 정당화하는 나균 예방법이 폐지된 건 1996년이다. 반세기가 넘는 세월 속에는 소수의 인권을 무시하면서 격리를 유지하려는 정의롭지 못한 관료, 과학적 사실을 외면해 온 전문가와 그럴듯한 핑계로 커뮤니티로부터 한센병 환자를 차단하고 싶었던 잔혹한 여론이 자리해온 탓이다.

---

1) 독일 작가 토마스 만(Thomas Mann)의 소설.

2) 호리 다쓰오(堀辰雄)의 소설.

3) 막부 말기 무사.

4) 일본의 하이쿠 작가.

5) 노무라 요시타로 감독. 1974년 작. 마쓰모토 세이초가 쓴 동명의 추리소설 『모래 그릇(砂の器)』을 영화화했다.

제대로 된 과학자는 대중의 입맛에 맞는 말을 구사하지 못하지만 그렇다고 그들에게 휴머니티가 없는 건 아니다. 오히려 감언이설로 여론을 만족시켜 왔던 일이 실제로는 비인도적 행위였다는 역사적 사실을 통감하고 있다. 같은 실수를 반복하고 싶지 않은 것이다. 하드보일드와 휴머니티는 서로 모순이 아니다.

1994년 요코하마에서 국제에이즈학회가 열렸을 당시 나는 의대생이었다. 에이즈 치료에는 '이것이 좋다'라는 수많은 제안이 오가는 걸 보고 압도당했던 기억이 있다. 그런데 '이것이 좋다'라고 말하는 에이즈 치료법 제안이 산더미처럼 많았다는 건 이렇다 할 결정타가 없다는 방증이라 할 수 있다. 당시 에이즈는 아직 죽음의 병이었던 것이다.

그러나 감염병 전문가들은 포기하지 않았다. 기존의 항바이러스제와 병용하는 칵테일 요법을 고안해 ART라고 불리는 에이즈 치료법을 1990년대 후반에 결국 완성했다. 환자의 예후는 극적으로 개선되어 '죽음의 병'에서 '천수를 누릴 수 있는 감염병'으로 반전을 이뤄냈다. 지금도 에이즈 환자 차별은 극심하지만 예전처럼 환자를 전면적으로 거부하는 예민한 태도는 많이 사라졌다. 여기에는 치료의 진보가 한몫했다고 생각한다.

당시의 연구자들은 이처럼 위대한 패러다임의 전환을 이뤄냈지만 그렇게 될 때까지 세간의 곱지 않은 시선을 견뎌야 했다. 치료법 연구를 위해 "환자를 모르모트로 삼아 출세하려고 한다."는 유언비어가 퍼지면서 연구자를 매도했다.

만약 당시 연구자들이 그런 비방과 중상모략을 못 견디고 "에이즈 따위 알게 뭐람. 이제 안 할 테니 너희들 맘대로 해!"라면서 시약병을 던져버렸다면, 과거 감염자들은 모두 살아남지 못했을 것이다. 사회와 여론의 입맛에 맞추지 않고, 해야 할 임무에 충실해 왔기에 에이즈는 '죽지 않는 병'이 될 수 있었다.

5. 감염병 대책 후진국 일본

반복해 말하지만 감염병 전문가들은 세상의 감염병 전부를 없애려고 하지 않는다. 하지만 인류사를 돌아보면 비참한 감염병이 숱하게 나돌았고 그 대부분을 극복해왔다. 이는 부정할 수 없는 역사적 사실이다.

내가 일본으로 돌아온 2004년 일본에서는 소아 세균성 수막염이 흔한 질병이었다. 해외에서는 예방접종 효과로 거의 볼 수 없는 질병이었는데 말이다. 예방 가능한 질병으로 목숨을 빼앗긴 아이와 갑자기 아이를 잃고 통곡하는 부모를 눈앞에 두고 얼마나 분한 마음이 치솟았는지 이루 말할 수 없었다. 그런 세균성 수막염은 예방접종 후진국인 일본에서도 이제는 희귀한 사례가 됐다.

자궁경부암의 경우도 원인으로 알려진 사람유두종바이러스(HPV)를 잡는 백신이 개발돼 수십 년 후에는 자궁경부암이 지구상에서 거의 사라질 것으로 보인다. 많은 여성, 특히 상당수의 젊은 여성이 가족을 남긴 채 목숨을 잃는 비극이 사라질 날도 그리 멀지 않았다. 오랫동안 HPV 백신 제공을 사실상 포기해온 일본을 제외하면 말이다.

감염병이라는 역경과 감염병 후진국(이었던) 일본의 제도라는 역경 앞에는 포기를 모르는 우리 감염병 전문가가 있었다. 우리는 아무리 욕을 먹거나 정치적으로 힘 있는 사람과 단체의 공격으로 힘들고 괴로워도 그들의 앞잡이가 되거나 도망치지 않는다.

물론 우리도 후퇴는 한다. 후퇴는 도망하고 다르다. 후퇴(retreat)는 전술이자 수단이지 목적이 아니다. 포기를 모르는 우리 끈질긴 감염병 전문가가 생각하는 건 결국 감염병 극복 말고는 없으니까.

PCR 검사를 충분하게 할 수 없었던, 방역 체제가 빈약했던 2020년 전반기에는 '적은 검사 건수와 부족한 인력 상황에서 얼마나 효과 있는 방역 대책을 실시할 수 있을까?'가 우리의 가장 큰 숙제였다. 그때에는 반복해서 전략적·전술적 후퇴가 이뤄졌다. 중요했던 것은 고위험군인 고령자를 구하는 일이었다. 검사는 못 하더라도 방어선은 만들 수 있었고, 빈약한 장비라도 노력하고 궁리하면 일시적이긴 해도 어느 정도까지는 억제할 수 있었다.

언젠가 확진자가 급증하면 방어선이 뚫려 고위험군 감염자와 사망자도 증가한다. 이 책을 쓰고 있는 시점에서 18,000명 이상의 환자가 코로나19로 사망했다. "미국에서는 더 많은 사람이 죽는다."며 순위를 보고 만족하는 사람이 많다. 물론 그렇게 생각할 수도 있지만 정말 그 정도면 되는 걸까.

전환점은 백신 개발이었다. 메신저 RNA 백신은 우리의 예상을 훨씬 웃도는 높은 효과를 보였으며 안정성 또한 높았다. 고령의 감염 환자 사망률도 빠르게 떨어졌다. 델타 변이 확산으로 제5파 유행이 시작돼 고령자뿐 아니라 중증 환자가 집중 치료실을 가득 채우고 있지만 새로운 치료제의 등장으로 사망 위험은 확실히 감소했다.

현재, 우리는 백신을 손에 넣었다. 중증 환자에게 투여하는 복수의 치료제도 갖추고 있다. 최근에는 중증화를 예방하는 약도 여럿 개발돼 다각도에서 신형 코로나에 개입할 수 있게 됐다. 덕분에 '확진자가 증가하면 반드시(언젠가는) 중증 환자가 증가한다'는 지금까지의 패턴에서 '확진자가 증가하더라도 중증 환자는 줄인다'는 전략을 세울 수 있게 됐다.

이제는 '치사율이 낮은' 오미크론까지 나타났다. 아직 추산하기 어렵지만 감염자가 어느 정도 늘어나더라도 사망자나 중증 환자가 빠르게 증가하지 않는 세상을 그려나갈 수 있게 됐다.

6. 이성적 비관론자?

영국에서는 하루 수십만 명 규모의 확진자가 늘어나고 있었지만, 방역 규제를 최소화했다. 축구장에 모인 인파가 마스크 착용도 없이 다 함께 응원가를 불렀다. 위험을 무릅쓰고 굳이 '규제 완화' 정책을 쓴 것이다. 이런 후퇴의 효과가 어떨지 지금 시점에서는 확실치 않지만 '굳이 도전해보려는' 영국인 기질("영국인은 함정을 도전으로 다룬다" 「007 위기일발」)[6]이 성공으로 이어질지 궁금하다.

코로나 감염증의 양상은 나날이 바뀌고 있고 병원체도 변이를 계속한다. 상황이 변하면 당연히 대응 방식도 바꿔야 한다. 영국식 규제 완화 작전에는 상당한 각오와 근성이 필요하다. 나 같으면 따라 하지 않겠지만, 만약 그들이 멋지게 해낸다면 우리도 해볼 만하지 않을까 싶다.

감염병 전문가는 포기할 줄 모르지만 전략적 후퇴에 주저하지 않는다. 피하는 것이 부끄러운 일이 아니다. 안타깝지만 그간

---

6) 1963년 007시리즈 2탄 「007 위기일발 From Russia with Love」에 나오는 대사 "the British mentality is that they always treat a trap as a challenge".

영국은 코로나 대응에 실패를 거듭해 왔기에 환상적 기대도 말아야 하지만 깊은 절망에 빠질 필요도 없다. 현실을 마주하는, 이성적 비관론자이고 싶은 감염병 전문가는 사실을 계속 주시해 나갈 것이다.

하야의 윤리와 임파워먼트

아오키 신페이(青木真兵) | '루차 리브로' 큐레이터

1. 토착의 첫걸음은 하야(下野)

후퇴는 하야에 단초가 있다.

원래 인간 사회는 두 가지 원리로 이뤄져 있었다. 사회의 안과 밖, 차안(此岸)과 피안(彼岸), 문명과 자연, 상식과 비상식 등. 그런데 현대 사회를 사는 우리는 전자의 원리에 빠져 갇혀버렸다. 세상은 자본의 원리에 따라 교환 가능한 상품으로 움직이기 때문이다. 그런 자본의 포섭에서 늘 벗어나 있어야 한다. 어느 쪽이든 하나의 원리만을 따르지 않고 두 가지 원리 사이를 왔다 갔다하다 보면, 문제가 발생해도 일단은 '자연스레' 해결된다. 나는 이것이 발을 땅에 딛는 과정이며, 토착이라고 부른다.

토착의 첫걸음은 하야이다. 대개 하야는 중앙 권력에서 내려오는 일을 의미한다. 이를 테면 메이지유신 공신 중 한 사람인 사이고 다카모리(西鄉隆盛)가 요직을 내려놓고 고향 가고시마로 돌아간 것이나, 정치 세계에서 여당이 야당에게 권력을 넘겨주는 정권 교체의 순간에도 하야라는 말을 쓴다. 그렇지만 나는 지금의 하야는 '사회 밖을 경험하는 것'이라고 재정의하고 싶다. 그런 의미에서 하야는 두 가지 원리를 넘나드는 것이며 토착의 첫걸음이 된다. 하야는 영원하지 않으며, 한 번 하야했다고 두 번 다시 돌아갈 수 없는 것도 아니다. 현대 사회에서 하야의 포인트는 사회적 가치가 있다고 평가받는 것과 거리를 두고 잠시라도 그런 것에 가치를 두지 않는 생활을 경험하는 데 있다. 쉽게 말해 다른 사람의 '요구를 신경 쓰지 않는' 일이라고 할 수 있다.

나는 2016년부터 나라현 히가시요시노무라(東吉野村)라는 인구 1,700명의 산골 마을로 이주해 살고 있다. 집에다 사설 인문학 전문 도서관 '루차 리브로'를 열어 운영 중인데 루차 리브로는 2014년부터 매주 1회씩 인터넷상에서 방송해온 '오무라이스 라디오'에 뿌리를 둔다. 누가 이 방송을 듣는지, 몇 명이나 되는지 아니면 몇 시쯤 어느 지역에서 듣는지 등에 대한 조사는 전혀 이뤄진 바 없다. 사회 안쪽 원리라면 보다 많은 사람이 들을 수 있도록 마케팅 차원에서 궁리했겠지만, 굳이 하고 있지 않다. 하고 싶은 말만 하고, 듣고 싶은 것만 듣는다는 콘셉트로 약 8년간 계속 이어오고 있다. 처음보다 청취자가 늘었다고 생각하지만 얼마나 늘었는지, 청취자가 어떤 콘텐츠를 요구하는지 등을 알려고 하지 않았다. 그것으로 좋다고 생각했다. '사회 밖'으로서의 장소를 만들고 싶었기 때문이다.

2. "알고 있지만, 멈출 수가 없어"

내가 사는 집이자 도서관인 루차 리브로의 활동도 그 연장선에 있다. 약 6년 전부터 운영해오고 있는데 누군가의 요청이나 부탁이 있어 시작한 일이 아니다. 이유가 무엇인지 굳이 말하자면, 예전에 도서관에서 일했던 아내를 위해서라고 말할 수 있지만, 수치화할 수 있는 데이터는 아무것도 없다. 다시 말해 우리 맘대로 집을 도서관이라 부르며 책을 대출해줄 뿐이다. 서가의 책도 우리가 읽고 싶은 책 또는 사람들에게 추천하고 싶은 책 등, 철저히 주관적 기준으로 고르고 있다. 그런 까닭에 지속 여부가 더 중요하다고 하겠다.

현대에서 하야란 다른 사람의 요구에 신경쓰지 않는, 어떻게든 철저히 주관대로 판단하는 일이라고 할 수 있다. 주변에서 바라볼 때 의미가 없다거나, 무엇에도 도움되지 않는다거나 하는 그런 이야기가 아니다. 촌으로 이주한다고 사회 밖으로 밀려난

게 아니듯이 마을에는 나름의 공고한 사회가 있다. 반대로 도시
에 있다고 해서 하야가 불가능한 것도 아니다. 그렇다면 원래
사회 밖이란 무얼까. 힌트는 '무심코 하는 일'에 있다. 누구든지
부탁받은 일이 아닌데도 무심코 해버린 경험이 있을 것이다. 예
컨대 고도 경제 성장기 시절, 시대를 풍미했던 밴드 '하나 하지메
와 크레이지 캣츠'는 「스다라부시」라는 곡에서 다음과 같이 노래
한다.

딱 한 잔 걸칠 생각이었는데
어느새 3차 4차
정신차려, 집에 가서 뻗으라고
그래서는 몸이 못 견딜걸
알고 있지만, 멈출 수가 없어

"알고 있지만, 멈출 수가 없어." 여기에 하야로 가는 문이 있
다. 물론 알코올 의존증 수준이면 어서 병원에 가야 하지만, 그
렇지 않다면 이 구절이야말로 하야로 통하는 문이라 할 수 있다.
왜냐하면 '알고 있지만'은 사회의 안쪽, '멈출 수가 없어'는 사회
의 바깥쪽을 의미하기 때문이다. 사람에게 적용해 말한다면 '알
고 있지만'은 사회인으로서 안쪽, '멈출 수가 없어'는 살아 있는
존재로서 바깥쪽이라고도 할 수 있겠다. 왜 후퇴가 아니라 하야

일까. 하야라는 표현에는 들판으로 나가는 것처럼 발전 과정에서 버려온, 살아 있는 상태를 회복하려는 의도가 담겨 있는 까닭이다. 현대 사회는 '알고 있지만'을 중심으로 만들어졌고, '멈출 수가 없어'는 버려진 것이다.

3. 우리 사회의 문제점

우리 사회의 문제점은 어디서 비롯됐을까. 그것은 어딘가에 표준이 있을 거라고 믿어 의심치 않는 현대 일본인의 신앙이다. 이런 표준 신앙의 문제점은 무엇으로 난국을 타개할지 그 '수단'을 먼저 생각해 버리는 것이다. 다시 말해 표준이라는 '해답'을 전제로 놓고 이야기를 진행시키는 바람에 왜 이런 사태에 빠지고 말았는지, 애초에는 어떤 사태였는지 되물을 틈이 없었던 것이다. 전례가 없는 사태가 발생하는 요즘 같은 시대일수록 표준에 해법이 있다는 전제 자체를 의심하는 태도가 필요하다.

표준 신앙은 메이지 이후 중앙 집권 국가 구상 안에서 만들어졌고, 인구가 늘면서 굳건하게 뿌리내렸다. 국가는 목표로 삼아야 할 표준을 만들어 제공하고 그 모델을 펼쳐나갔다. 그렇게 표준 신앙은 국민과 사회 속에 정식으로 자리 잡았다. 확실히 그런 모델은 막부 말기 이후 서구 열강의 압력에 대응하거나, 태평양전쟁 후 폐허에서 부흥에 이르는 데 일치단결의 효과를 보였다. 그러나 앞으로는 그렇지 않다. 메이지의 서구식 국민국가 시스템이나 태평양전쟁 전승국인 미국의 자본주의 경제 시스템을 기반으로 한, 쇼와시대가 목표로 삼았던 자유주의 같은 모델은 사라져버렸다.

지금 내가 가장 문제라고 여기는 건 자살자가 많은 현실이다. 1998년 이후 14년 연속해서 해마다 3만 명을 넘는 자살자가 나왔다. 근년 들어 다소 감소 추세를 보여 작년(2020년)에는 약 2만 1천 명으로 줄어들긴 했다. 이런 감소 경향 자체는 좋은 일이지만 여러 국가와 비교했을 때 연간 자살자 수나 자살률은 높은 상태이다. 이처럼 자살하는 사람이 많은 이유에는 세상은 변하고 있는데도 여전히 종래의 표준 신앙에 속박돼 선택지가 크게 좁아진 영향이 있지 않을까 싶다.

4. 날것의 존재로서의 '나'를 찾다

『산골 마을에서 니트[7]로 살고 있습니다('山奧ニート' やってます)』(코분샤)를 쓴 이시이 아라타 씨는 이른바 '산골 니트'로 생활

---

7) NEET는 Not in Education, Employment or Training의 약어로 니트 또는 니트족이라고 칭한다. 취업할 의사가 없고 교육도 받고 싶어하지 않는 사람.

비를 아끼면서 산골 마을에서 자신만의 삶을 살고 있다. 그런데 학생 시절 회고를 보면 히키코모리로 살았고, 또 죽고 싶었던 계기가 있었다고 한다. 교사가 되고자 했던 이시이 씨가 대학 시절 나갔던 교생 실습이 계기였다. 담당 교사는 베테랑이었지만, 자신과 잘 맞지 않았는지 조그만 실수 하나로 담당 교사로부터 몇 시간이나 꾸중을 들었다고 한다. 그로 인해 이시이 씨의 정신은 붕괴되고 만다. 그의 그러한 경험은 내가 문제라 여기는 표준 신앙과 관련이 있지 않을까 싶다.

"항상 뇌리를 떠나지 않았던 건 '이 정도 일도 못하면 어떤 일을 할 수 있을까'라는 말이었다. 대개는 수업 계획이나 보고서를 잘 쓰지 못해도 크게 신경쓰지 않았을 텐데, 아무래도 우울이라는 녀석은 정신적인 눈을 멀게 하는 것 같다. 다른 선택지가 보이지 않게 돼 한 가지 일을 제대로 못해낸 것만으로 자신은 어떠한 가치도 없다고 여기게 된다. 내가 왜 존재하는지 그 의미를 잃게 돼 죽고 싶어진다. (중략) '자살할 정도로 힘들면 그만 두면 되잖아'라는 식으로 간단히 말하지만, 결코 간단한 문제가 아니다. 정신적으로 압박받는 상황에서는 정상적 판단이 어렵다."(157~158쪽)

하야에서 중요한 건 사회인으로서 나는 내버려 두고, 살아 있는 존재로서 나를 알아차리는 일이다. 그런데 살아 있는 존재로서 나라는 존재는 약하고 여리다. 특히 '산골 니트' 이시이 씨는 표준 신앙이 굳건한 교사로 만드는 '교생 실습' 과정에서 살아 있는 존재로서의 '나'가 상처받고 말았다. 하지만 이처럼 민감하고 부서지기 쉬운 '나'가 있다고 해서 약해 빠진 애가 응석부린다는 비판을 받아야 할까? 누구나 강인하고 둔감한 사회인으로 살아가야 할까? 나는 전혀 그렇지 않다고 생각한다.

근대 이후, 노동으로 임금을 받든, 돈을 이쪽에서 저쪽으로 옮기는 것만으로 부를 얻든, 어찌됐든 돈을 벌 수 있는 사람을 사회인이라고 부르며 그렇지 못한 존재보다 상위에 두어 왔다. 우리가 목표로 삼아야 하는 것은 살아 있는 존재로서의 복권이다. 그렇다고 사회를 엉망으로 만들어 무너진 바닥에서 승리의 포즈를 취하자는 게 아니다. 우리 스스로 사회인과 살아 있는 존재 사이를 왔다갔다하면서 살아갈 수 있도록, 살아 있는 존재로서의 나를 임파워먼트 하자는 이야기다. 임파워먼트란 내가 본래 갖고 있던 힘을 믿고, 그 힘이 발현되도록 지원하는 것을 의미한다.

5. '멈출 수가 없어'를 대표하는 토라

인간에게 내재한 날것의 감각이야말로 근대가 버려온 '멈출 수가 없어'에 해당한다. 근대에는 남성은 사회로 나가 일하고, 여성은 가정을 지키는 형태가 표준이었다. 가사노동의 기계화나 아웃소싱으로 상황은 변했지만, 여성과 고령자, 장애인 또는 외국인 등은 사회의 정식 멤버로 간주하지 않았다. 아이를 낳을 수 있거나 나이를 먹었거나 장애가 있거나 아니면 국적이 다른, 이런 사람은 날것으로서 '멈출 수가 없어'에 해당하기 때문이다.

'알고 있지만'과 '멈출 수가 없어' 사이의 갈등을 그린 작품으로 야마다 요지 감독의 「남자는 괴로워」가 있다. 1969년에 개봉한 후 1995년까지 매년 연속해 상영했다. 「남자는 괴로워」의 주인공 구루마 토라지로(통칭 토라)는 일정한 직업 없이 일본 각지를 떠돌며 행상으로 생계를 유지한다. 그러다 적당한 때를 골라 당고 가게를 운영하는 고향집으로 돌아간다. 하지만 따뜻하게 맞이해 줄 것으로 생각했던 고향이나 가족에게 토라는 환영받지 못한다. 결국 집안에서의 사소한 마찰이 싸움으로 번지고 토라는 막말을 내뱉고는 집을 나가 버린다. 이런 장면이 「남자는 괴로워」에서 반복적으로 그려진다.

사이좋게 지내고 싶어도 잘 안 된다는 걸 알지만 다시 고향으로 돌아오고 마는 토라. 하지만 따뜻한 가족을 놔두고 다시 길을 떠난다. 손닿을 수 없고, 사귈 수도 없는 사람에게 빠져버린다. 이런 일을 반복하는 토라는 '알고 있지만, 멈출 수 없는' 사람이다. 그런 특징을 제대로 응축한 작품이 여섯 번째로 나온 「남자는 괴로워 순정편」이다. 토라는 나가사키에서 아기를 데리고 있는 젊은 여성이 가여워 그녀의 친정이 있는 고도(五島)까지 동행한다. 여성은 3년 전에 도망치듯이 집을 뛰쳐나갔는데, 돌아온 딸에게 아버지는 남편에게 돌아가라고 말한다. 그런 사정을 듣고 토라는 깊이 깨달았는지 다음과 같이 말한다.

"아저씨 말이 맞아. 돌아갈 곳이 있다고 생각하니까 안 되는 거야. 실패하면 다시 고향으로 돌아가면 된다고 생각하니까. 나는 절대로 내 몫을 다 하지 못할 거야. 아저씨."

그리고 토라는 고향인 가쓰시카 시바마타에 대한 이야기를 나누다 돌아가신 친부모를 대신하는 숙모와 조카 그리고 성실한 남편과 아들을 둔 여동생이 행복하게 사는 훈훈한 정경을 떠올린다.

"나는 다시는 돌아가지 않을 거야. 언제든 돌아갈 곳이 있다고 생각하니까 안 된다고."

이렇게 자신을 타이른다. 그런데 그러는 사이 출항을 알리는 마지막 배의 기적이 울린다.

"나는 돌아가지 않아. 어떤 일이 있어도 다시는 돌아가면 안 돼. 돌아갈 곳이 있다고 생각하니까 안 되는 거야… 그런데 내가 돌아가면 조카와 숙모들이 좋아하겠지. 눈에 가득 눈물이 맺힌 사쿠라는 오빠 바보구나, 어디 갔다 온 거야, 라고 하겠지. 그런 걸 생각하니 역시 돌아가고 싶어지네… 아냐 나는 다시 돌아가지 않아… 하지만 역시 돌아가야겠어. 안녕!"

토라는 만면에 웃음을 띠고 달려간다. 이것이 바로 '알고 있지만 멈출 수가 없어'를 체현한 장면이다. 딸은 미야모토 노부코(宮本信子), 그의 아버지는 모리시게 히사야(森繁久彌)가 맡아 연기한 명장면이니 꼭 한 번 보시길 바란다. 한편, 그렇게 고향으로 돌아간 토라는 숙모의 친척뻘 여성에게 첫눈에 반해 버린다. 그런 사실이 동네에 알려져 웃음거리가 되자 여동생 사쿠라는 "어째서 오빠는 세상의 웃음거리가 되려는 거지?"라고 묻는다. 이에 토라는 이렇게 답한다.

토라 : 아니. 머리는 알고 있는데 마음이 따로 논다니까. 이건 내 탓이 아냐.

사쿠라 : 그럼 그 마음이란 건 오빠 거 아냐?

토라 : 내 말은 그게 다르다는 거야. 말하자면 내가 다시 시바마타로 돌아오지 않겠다고 생각해도 말이지. 있잖아. 마음은 그렇게 생각하지 않는 거라고. 어느새 나는 또 여기로 돌아오고 있는 거지. 정말 괴롭다고.

머리로는 알아도 마음이 따라주지 않는다. 나는 이처럼 토라 같은 사람이 더 건전하다고 생각한다. 왜냐하면 인간이 지닌 날것의 감각이 제대로 작동하고 있기 때문이다. 날것의 감각이 제대로 기능하면 머리와 마음이 따로 놀 수 있다.

그것이 '보통'이다. 하지만 현대 사회에서는 자본의 원리에 따라 점점 '머리' 쪽으로 획일화가 진행되고 있다. 일정한 직업을 갖고 남과 같은 집에 살면서 똑같은 생활을 이루는 게 국가적으로 권장됐다. 그 결과 확실히 경제는 발전했고 삶은 자유롭고 쾌적해졌다. 그러나 또 하나의 원리인 날것의 감각은 계속 소홀히 다뤄졌다. 날것의 원리가 작동하지 않는 인간은 토라 식으로 말하자면, '어쩔 수 없는 인텔리'로서 현대를 살아가며 날것의 부분을 취할 뿐이다. 이 지점에 우리가 하야해야 할 이유가 있다.

6. '알고 있지만, 멈출 수가 없어'를 긍정하는 사회

나는 장애인의 취업을 돕고 있다. 장애에는 신체 일부가 없어 기능하지 못하는 신체적 장애, 지능이 일정 수준보다 낮은 지적 장애 또는 환청이 들리거나 환각 증상을 보이는 조현병이나 감정의 변화가 큰 양극성 장애 같은 정신 장애 등이 있다. 또 능력의 불균형이 큰 발달 장애도 있다. 이런 '장애'는 사회와의 관계에서 '표준에 적응할 수 없다'는 의미로 쓰인다. 그런 의미에서 토라는 '장애인'이라고 할 수 있다.

현대 사회에서는 날것의 부분이 제대로 작동하는 사람일수록 '장애인'이 될 가능성이 있다. 역설적으로 삶의 어려움을 안고 있다는 것이 날것의 감각이 잘 살아 숨 쉬고 있다는 사실을 보여준다. 하지만 날것으로 살기 어려운 사회라면 최종적으로 무엇을 남길 수 있을까. 인간이 사회인으로만 살아가려고 할수록 사회 전체는 지속 불가능하게 될 것이다.

왜냐하면 날것이 존재할 수 있는 여지가 사라지기 때문이다. 역시 그런 사회라면 잘못됐다고 생각한다. 지속가능성을 말하려면 사회인으로서의 행동을 억제하고 자신의 안팎에 날것이 살기 좋은 환경을 만들어야 한다. 그러기 위해서는 '장애'라고 불리는 것의 해상도를 높일 필요가 있다. 그 날것의 감각은 표준화할 수 없는 구체적인 개인의 사정에 정중하게 귀를 기울이는 것으로밖에는 드러나지 않기 때문이다.

앞으로는 토라가 웃음거리가 되는 사회가 되어서는 안 된다. 폐를 끼치지 않도록 각자가 집단에 맞추는 것이 아니라, 개개인의 사정에 맞게 집단이 변하는 게 당연하다고 여기는 사회로 가야 한다. 토라의 '멈출 수가 없어'는 '알고 있지만'의 원리로 통일되어 '어쩔 수 없는 인텔리' 투성이로 변해가는 현대를 환기하는 귀중한 존재다.

우선은 "알고 있지만 멈출 수가 없어"를 받아들이자. 그것이 하야의 첫걸음이다.

음악의 새로움은
음계 바깥 세상에서 생겨난다

고토 마사후미(後藤正文) | 뮤지션

1. '후퇴'와 관련해 원고 의뢰를 받고 나서 솔직히 어떤 생각이 들었나?

나 같은 뮤지션이 이런 주제로 원고 청탁을 받으니 뭔가 어색하기도 하고 살짝 두려움도 느낀다. 달리 필자가 없을 정도로 일본은 궁지에 몰린 것인가 하고. 물론 그럴 리야 없을 테고, 다만 조금 벗어난 시각에서 던지는 질문으로서 내가 쓰거나 말하는 것도 의미가 있을지 모르겠다.

우치다 선생은 거대 담론이나 모두가 알아야 할 중대한 정보 같은 게 통용되지 않는 게 문제라고 생각하는 듯하다. 유능한 누군가가 모두에게 알맞은 최적의 해법을 마련해주지 않는다. 알기 쉬운 해결법이 널리 퍼질 무렵이면 이미 대부분 결과가 나와 때를 놓칠 가능성이 높다. 그래서 나 같이 되는 대로 로큰롤이나 울리는 인간뿐 아니라 많은 사람은 각자의 현장에서 게릴라처럼 각자의 방법으로 해결해야 한다. 때로는 저항도 해야 한다. 그런 걸 문제로 삼은 게 아닐까.

2. 일본 음악업계 현황과 미래를 어떻게 보고 있나?

음악 업계 사정은 잘 모른다.

현재 음악 산업은 세계적으로 성장 산업이라고 한다. 지독한 '음악 불황'이라고 들어왔지만, 많은 나라가 과금제 스트리밍 서비스 보급으로 불황에서 벗어나고 있다는 기사를 본 적이 있다. '갈라파고스'라는 자학적 언어가 회자할 정도로 일본은 불황 대응에 늦은 감이 있다. 하지만 가까운 장래에 글로벌 음악 산업과 마찬가지로 불황에서 벗어나지 않을까 상상해 본다.

다만, 이것은 어디까지나 '자본이나 산업 측면에서 봤을 때' 이야기다. 뮤지션 한 사람 한 사람 모두에게 경제적 혜택이 돌아가는 시대가 도래할 조짐은 없어 보인다. 오히려 부의 일방적 쏠림이 지속되고 있다. 때때로 극히 일부는 행운을 거머쥐어 부의 참여권을 얻는다. 기술의 발달과 인터넷 보급으로 기회가 열리기도 한다. 언어 장벽을 넘어 노래가 퍼질 가능성과 선택지가 늘어났기 때문이다. 하지만 부의 기회는 이미 가진 자를 중심으로

쏠리는 경향이 강해지고 있다는 느낌을 받기도 해 그런 구조에 저항하고 싶어진다. 새로운 기술이 많은 사람에게 음악을 만들고 또 즐길 기회를 늘려왔다는 점을 잊지 말고 미래 세대를 위해 부와 기회의 공정한 배분을 계속 생각해 나갔으면 한다.

무엇보다 음악은 돈벌이의 수단이 아니다. 작곡이나 연주처럼 음악 하는 것 자체가 본래의 목적이다. 따라서 음악 산업의 쇠퇴가 음악의 쇠퇴로 이어지지는 않는다. 음반 산업이 생겨나기 수천 년 이상 전부터 음악은 있었고, 한 번도 끊어진 적이 없는 걸 보면 장기적으로 볼 때 음악의 미래에 불안 요소는 없다고 생각한다. 어떤 권력이 나타나 음악 활동을 금지하지 않는 한 죽을 때까지 즐길 수 있다. 인디 레이블로 활동하는 나로서는 언제까지 계속할 수 있을지 매우 불안하지만…. 다시 말하지만 이것은 산업이나 비즈니스 측면에 섰을 때의 불안이다.

3. 국력 쇠퇴의 최대 요인은 소자화와 고령화에 따른 인구 감소라고 들어봤을 것이다. 일본의 미래를 어떻게 보나?

인구 감소는 큰일이라고 생각한다. 국내 경제 활동 전체 규모가 작아질 테니까.

단순히 생각해도 일본어 콘텐츠를 일본어로 즐기는 사람이 줄어들 것이다. 음악에는 보컬뿐 아니라 가사를 쓰거나 부를 때 선대로부터 이어져 온 필링이나 테크닉이 있는데, 그것을 이어 줄 사람의 수도 줄어든다고 생각하니 슬프기도 하고 조금은 무섭기도 하다.

예컨대 기타지마 사부로(北島三郎)[8]의 「요사쿠」처럼 일본어로 불러야만 멜로디와 음상이 연결돼 정서를 느낄 수 있는 노래가 있다. 그런데 일본어에 붙어 있는 모든 것을 싹 없애고 듣는다면, 난생처음 듣는 섬뜩한 선율을 가진 음악으로서 공포감을 느낄지도 모른다. 마찬가지로 일본어를 떼어내고 기타지마 사부로의 「마쓰리」를 듣는다면 첫 도입부의 북소리가 어떤 타악기인지 모를 것이다. 일본 전통 북이 아니라 아프리카 민족 악기처럼 들린다. 펑크 장르의 댄스 음악 같기도 하다가 완전히 달라진다. 일본어가 괴멸한 세계나 다른 언어권에서 기타지마 사부로의 음악은 엔카가 아니라 새로운 트립합으로 인식될지도 모른다. 새로운 발견일 수도 있지만 일본어 측면에서 본다면 계승되어 온 문맥이나 정신성을 잃고 말 것이다.

음악만 그런 게 아니다. 사실 음악은 리듬이나 멜로디처럼 언어가 없어도 되는 요소가 있어 그나마 나은 편이지만, 일본인이 매우 좋아하는 와게이[9] 분야는 영향을 크게 받는다. 예컨대 만

---

8) 일본의 국민 엔카 가수이자 배우.
9) 와게이(話芸)는 화술로 즐거움을 주는 예능으로 만담이나 라쿠고(落語) 등을 말한다.

담이 그렇다. 일본어 중에서도 오사카 사투리가 아니면 안 되는 말투나 합이 있다. 그것을 우리는 논리적으로 따지지 않고 감각으로 공유한다. 설명하지 않더라도 다운타운 콩트에 폭소가 터지는 건 다운타운의 재미와 별개로 웃음에 대한 감성이 선대로부터 이어져 왔기 때문이다.

일본어 속에는 재미를 느낀다거나 웃을 수 있다거나 아니면 웃을 수 없는 등 그런 감각에 얽힌 뭔가가 담겨 있다. 우리는 그것을 자각하지 못하지만, 온몸으로 반응하며 웃을 수 있다. 시무라 겐의 '닷훈다'나 다이케이의 '가춘' 같은 개그가 좋은 예일 텐데 그런 개그나 몸짓과 표정 이외에 대체 무엇이 재밌는 건지 알 수 있다는 게 신기할 뿐이다. 와게이를 재밌다고 느끼는 감성이나 의식은 일본어 문맥에서 떼어내기 어렵다.

바로 그런 것을 통째로 우리가 다음 세대에게 넘겨야 한다. 가끔 천재가 나타나 덧붙이거나 새로 쓰기도 하지만, 우리는 새로운 감각을 공유함으로써 일본어가 가진 정신과 정서를 바꿔 간다. 일본이 쇠퇴할지 아닐지 모르지만, 그것과 별개로 일본어에 깃들어 있는 일체를 공유하는 사람의 수가 줄어드는 현실을 생각하면 슬퍼진다.

국가나 민족 같은 개념에서가 아니라 일본어라는 언어에서 바라보는 시점에 주목한다면 오히려 배타성을 완화할 수 있다고 생각한다. 이 땅의 오랜 역사 안에서 이어져 온 다양한 문화와 생명의 연속이 바로 언어다. 태어날 때는 갖고 있지 않지만, 타자로부터 받은 선물이라고 할 수 있다. 아니면 선대가 내려준 축복이라 해도 좋다. 이런 선물로서 언어나 문화를 공유하는 동료가 늘어나는 건 멋진 일이다. 우리도 새로운 참가자를 축복해야 한다. 일본어를 배우길 원하는 사람이라면 공공사업으로 모두 무료로 가르쳤으면 좋겠다. 다만, 강요는 위험하다는 사실은 잊지 마시길.

다른 한편으로 인구 감소가 두려운 건 경제와 연결돼 존재하는 기술이 사라지는 일이다. 음악계로 말하자면, 도쿄의 녹음 스튜디오 산업이 무너지고 있다. 갈라파고스적 음악 불황과 관계가 있는데, 돈이 없으면 녹음에 사용할 기자재나 스튜디오 규모를 줄이거나 아니면 집에서 해결해야 한다.

녹음 스튜디오에서 예전부터 사용하는 기술 중 일부는 개인 노트북으로 해결할 수 없다. 물론 이것도 종래의 음반 산업 문화와 체계 안에서 생각하기에 두렵다고 생각하는 것일지도 모른다. 하긴 20세기 초만 해도 음반 산업 자체가 없었고, 80년대에 등장한 CD는 50년도 안 돼 쓸모가 사라졌으니 걱정한다고 해결될 일은 아니다. 앞으로 인구가 반으로 줄어도 미래에서는 어떻게든 알아서 즐기지 않을까 싶기도 하다.

4. 일본의 쇠퇴 흐름을 막으려면 어떤 노력을 기울여야 할까?

매우 어려운 질문이다. 확실히 말하자면, 그런 질문을 던져봤자 내겐 제대로 대답할 지식도 자신도 없다. 경제 규모의 축소 문제는 인구 감소가 계속되는 이상 피할 수 없다고 생각한다. 반복해서 하는 말이지만, 경제나 산업 측면에서 생각하면 역시 불안하고 무서워진다. 하지만 예컨대 일본어 측면에서 본다면 무서울 정도는 아니다. 나쓰메 소세키가 『도련님』을 썼을 때만 해도 일본 인구는 3,500만 남짓이었다. 다시 말해 인구와 일본어의 문화적 위상은 그다지 관계가 없다고 생각한다. 말하다 보니 안심하게 됐는데, 확실히 음악이나 문학의 미래는 문제가 없다. 돈이 되느냐의 문제와 별개로 훌륭한 작품은 영속할 것이다.

다만 지금 시대를 살아가는 음악 종사자의 행복도를 말하자면 어려운 구석이 있다. 거시적으로는 음악에 미래 불안은 없다고 생각하지만, 힘든 시기를 헤쳐 나가는 역할을 미래 세대에까지 짊어지게 하는 것은 피하고 싶다. 물론 음악에만 해당하는 이야기는 아니다. 하지만 내게는 이런저런 경제적 '손실 폭'을 줄일 구체적 방도가 없다. 그래도 내가 인터뷰하면서 여러 번 느꼈던 것처럼 시점을 바꾸면 미래에 대한 근심 걱정을 덜고 밝은 표정을 되찾을 수 있다고 생각한다.

앞으로도 음악으로 먹고살 수 있을지 걱정이 되기도 하지만,

이 세상에서 멋진 음악이 사라질 가능성은 적다. 어떤 의미에서 우리는 습관처럼 자본이나 경제, 산업적 관점에서 바라보기에 늘 쫓기듯이 살고 있다. 이참에 그런 관점에서 벗어나 풍요를 대하는 태도나 느끼는 방식을 되찾아야 하지 않을까 싶다. 긍지를 비롯한 모든 감각도 마찬가지다. 항상 느끼지만, 쇠퇴와 감축이라는 언어는 경제적 사고와 세트로 다닌다.

최신 유행 패션으로 온몸을 두르고, 아무나 먹지 못하는 고급 식재료가 식탁에 가득한 게 정말 멋진 일일까? 방방곡곡에 매립 경작지를 만들고, 갯벌을 간척해 공업단지로 이용하고, 사람 손이 닿지 않은 자연을 개척하면 정말로 풍요로워지는 걸까? 우리가 멋지다고 생각하고, 풍요롭다고 생각하고 또 근사하다고 느끼는 거나 욕망을 좇는 건 어떤 사상에 얽매이기 때문은 아닐까? 우리 삶이 고단한 이유가 여기에 있지 않을까? 하는 의문이 꼬리를 문다. 우리가 지닌 현재 감각으로 미래 세대를 단정하지 않고, 우리의 현재 가치관을 바꿈으로써 미래 세대가 '승리'나 '패배' 같은 개념이나 감각에서 벗어날 기회를 마련해야 한다.

5. 전혀 구체성이 안 보이는 답변 아닌가?

맞다. 너무 당연한 말이라 이 책의 다른 필자의 글과 함께 책으로 엮을 만한 가치가 있을지 모르겠다. '우리 모두가 해야 할 일' 같은 것을 하나라도 구체적으로 말하기는 어렵다. 내가 말할 수 있는 이야기는 현재 맞서고 있고, 싸우고 싶은 것에 관해서일 뿐이다. 게릴라의 일원으로 무엇을 할 것인지 같은 것 말이다. 우선 나 자신부터 바뀌어야 한다. 그래야 한 걸음이라도 나갈 수 있다. 따라서 나는 표현하는 사람으로서 풍요나 아름다움 같은 가치를 고정관념으로부터 해방하려 한다. 언어를 만들고, 노래하고, 저항할 것이다. 되도록 명랑하게.

그런 마음가짐은 크게 보면 우리를 경제적 측면에서 구원할 수 있는 혁신과 직결한다. 의외로 들어맞는 구석이 있다고 생각한다. 해보지도 않고 자본이나 경제, 산업 관점에 얽매이다 보면 새로움은 생겨나지 않는다. 음악의 예를 들자면, 코드 진행만 생각하면 평균율이라는 규칙에 얽매이고 마는데 음악의 새로움은 음계 바깥세상에서 생겨나는 법이다. 다시 말해 구체성이 없는 바로 그 지점에서 현재의 문제에 다가갈 가능성이 있다는 얘기다.

모든 것을 되찾을 수는 없어도 어떤 관점에서는 가능할 수 있다. 후퇴가 바로 그렇다. 내가 저항할 수 있는 건 이 정도 선까지다. 정신이나 마음 본연의 자세나 사고방식을 바꾸지 않는다면 아무리 후퇴하더라도 괴로움에서 벗어날 수 없다. 여전히 같은 구조 안에서 또 다른 문제에 계속 직면하게 되리라 생각한다.

그런데 내가 이런 생각을 할 수 있는 건 그만큼 생각할 시간이 있었다는 이야기다. 많은 사람이 풍요나 아름다움 또는 긍지에 대해 생각할 여유를 가질 수 있는 사회가 됐으면 좋겠다. 그런 태도를 갖추게끔 하는 게 중요하다. 따라서 정부에 바라는 건 하나다. "부를 나눠라!" 이게 전부다.

한편으로는 우리도 부의 기회를 할 수 있는 데까지 공유해야 한다. 사회에 산재한 불공정한 상황에서 우리 것을 탈환해 동료와 함께 나누면 모두가 즐거울 것이다. 그런 영토를 늘려가 서로 사방팔방으로 연결해야 한다. 하드코어 펑크의 전설적 인물 이안 맥케이(Ian MacKaye)는 "새로운 아이디어나 솔루션은 2,000명이 모였다고 나오는 게 아니다. 20~25명이 찾아내는 것."이라고 했다. 갑작스럽게 세계나 사회에 접근하지 않더라도 우리 안의 여러 작은 커뮤니티가 변화에 앞장선다면, 그런 운동이 세상을 바꿀 수 있는 최초의 나비 날갯짓이 될 것이라 믿는다. 그러지 못하면 그저 잠이나 잘 일이다. 지금까지의 잡담은 무엇보다 나 자신에게 한 말이다. 물론 인터뷰어인 당신에게도.

덧말 : 논리정연한 글은 자신이 없어 내가 자신을 인터뷰하는 형식으로 써봤다. 내가 인터뷰어이자 인터뷰이이기도 하다. 쓰지 않고 말로 했다고 생각하니 왠지 책이나 사회의 존재 방식에 대한 비평처럼 돼버린 느낌이다.

문명의 시간에서 후퇴해
자연의 시간을 산다

소다 가즈히로(想田和弘) | 영화감독

1. 코로나19가 바꿔놓다

사사로운 이야기라 꺼내기가 죄송하지만, 나는 1년 전쯤 아내 가시와기 기요코와 27년간 살았던 뉴욕을 떠나 세토 내해에 면한 작은 항구 도시로 이주했다. 우시마도(牛窓)라고 『만요슈(万葉集)』에도 나오는 오래된 마을이다.

계기는 코로나19 사태이다. 2020년 봄 「정신 제로(精神 0)」라는 신작 개봉 건으로 잠시 귀국했다가 돌아가는 비행편이 사라져 뉴욕으로 돌아갈 수 없게 됐다. 인연이 있는 우시마도를 피난처 삼아 잠시 머무를 예정이었는데, 어느 밝게 개인 화창한 날 문득 이대로 여기서 살면 어떨까 싶은 생각이 스쳤다.

그 순간을 지금도 기억하고 있다. 그때 난 임대하던 160년 된 집 2층 다다미방에서 뒹굴다가 창문 너머로 보이는 햇빛에 반사

돼 반짝이는 세토 내해를 멍하니 바라보고 있었다. 그러다 이런 생각이 들었다. 이 시간이 쭉 계속되면 좋겠다고. 그냥 이대로 여기서 살고 싶다고.

그 일은 뭔가 줄곧 등에 짊어지고 있었던 무거운 짐을 내려놓 거나 아니면 밀려오는 강한 파도에 내 몸을 맡기는 듯한 묘한 쾌 감과 안도감을 느끼게 했다. 하지만 바로, 당황스러워 생각을 지 웠던 걸로 기억한다. 너도 참, 무리인 줄 알지? 비현실적이잖아, 라면서.

그러나 그 발상은 지워도 지워도 머릿속에서 자꾸 되살아났 고, 그럴 때마다 "Why Not?(안 될 이유가 있어?)"이라는 의문이 점 점 강해졌다. 잘 생각해 보니 실제로 장애 요소는 없었다. 내게 만 해당하는 이야기이긴 하나 일단 나는 다큐멘터리 영화 제작 을 업으로 삼고 있기에 카메라와 편집 기자재 그리고 인터넷만 있다면 어디를 거점으로 삼아도 딱히 문제 될 게 없다.

그런데 내가 단념하려고 했던 이유 중 하나는 '아내가 반대 할 것 같다'는 우려에 있었다. 가시와기는 뉴욕의 대학 등지에서 태극권을 가르치고 있었는데, 그 일을 무척 소중히 여기고 있었 다. 더구나 뉴욕에서 우시마도 이주는 어떤 면에서 후퇴처럼 느 껴졌다. 세계에서 가장 첨단을 달리는 화려한 대도시 생활을 버 리고 과소 지역으로 지정된 작은 시골 마을로 거점을 옮기는 일 이었으니까. 이런 행보는 적어도 지금까지 인생에서 내가 취했던 삶의 자세로 봤을 때, 있을 수 없는 방향이었다.

그래서인지 그 계획은 너무나 비상식적이고 엉뚱한 계획처럼 느껴졌고, 한동안은 가시와기와 의논하고 싶어도 입 밖에 낼 수 없었다. 지금 생각하면 그게 무슨 큰일이라고 그랬는지 웃음밖에 안 나오지만 그때는 정말로 그랬다. 가시와기에게 겨우 내 계획을 꺼낼 수 있게 된 건 그로부터 약 일주일 후였다. 내 생각이 몸에 밸 시간이 필요했던 것이다. 그녀는 내 생각을 듣고는 처음에는 놀라고 당황하는 모습이었지만, 계속 대화를 하다 보니 오히려 나보다 이주하는 쪽에 마음이 기울어진 것처럼 보였다.

가시와기가 이주 아이디어에 수용적 태도를 보였던 건 코로나19 사태가 장기화 국면에 접어들면서 태극권 교습을 언제 재개할 수 있을지 예측할 수 없었던 탓이 크다고 생각한다. 또한 이쯤에서 슬슬 뉴욕을 정리하고 일본에서 태극권 활동을 벌이고 싶어 하는 마음도 있었던 듯하다. 동시에 우리의 부모 모두가 연로하셔서 앞으로 그들과 보낼 수 있는 시간이 별로 없는 요인도 작용했다. 코로나 사태 속에서는 국경을 넘기가 어려워 부모에게 무슨 일이라도 생기면 큰일이니까 말이다. 여하튼 우리는 한 달 동안, 이주하면 우리 삶에 어떤 영향이 있을지 하나하나 검토하면서 조금씩 의지를 다져나갔다.

2. 이주와 후퇴

우시마도 이주 배경을 장황하게 늘어놓게 됐는데 그럴 만한 연유가 있다. 의뢰받은 원고 주제인 '후퇴'와 관련이 있기 때문이다. 이주 결단은 요즘으로 치면 나도 모르게 시대를 앞선 선택을 한 셈이지만, 당시만 하더라도 내게는 '후퇴'라는 이미지가 있어 주저했던 면이 있다.

어디에서 후퇴한 것처럼 느껴졌을까? 그것은 오늘보다 내일, 내일보다 모레는 더욱 진보하고 보다 빨라지고, 보다 커지고 더욱 부유해져야 한다는 가치관으로부터다. 동서양을 막론하고 현대사회를 이루는 주류의 가치관 말이다.

뉴욕은 그런 가치관의 '정점'을 상징하는 측면을 갖고 있다. 좁고 더럽기까지 한 아파트에 터무니없이 비싼 월세도 마다하지 않고 어떻게든 사람들이 뉴욕에서 살아가길 원하는 것도 이와 관련이 있다고 생각한다. 오해를 불러일으킬 수도 있지만, 뉴욕에 살고 있는 것만으로도 마치 인생 마라톤 경쟁에서 선두에 선 듯한 기묘한 착각에 빠질 수 있다. 아마 도쿄도 그렇지 않을까 싶다.

물론 그런 이유로 나와 가시와기가 뉴욕에서 27년이나 살았던 건 아니다. 뉴욕에는 여기서 다 쓸 수 없을 정도로 다양한 매력이 있다. 하지만 내가 다시 우시마도 이주 쪽으로 마음을 정하자 무거운 짐을 내려놓은 듯한 안도감을 느낄 수 있었다. 그만큼 내게 뉴욕이라는 곳은 '버텨내야 하는' 장소로서의 이미지가 강했다고 할 수 있다.

그렇지만 뉴욕을 떠난다는 선택에 어떤 본질적 의미가 있었는지를 알게 됐던 때는 본격적으로 우시마도에서 생활을 시작하면서부터다. 아니, 지금도 그것을 알아가는 현재 진행형 상태인 것 같다. 내가 우시마도로 이주하고 몇 개월 지났을 무렵, 야마오 산세이(山尾三省)의 『애니미즘이라는 희망』(야소샤)이라는 시집을 만났다. 야마오 시인은 1970년대에 가족과 함께 야쿠시마로 이주해 밭을 일구면서 시 창작에 몰두하고 있는 사람이다.

야마오는 우리가 살아가는 시간은 크게 두 가지 양태가 있다고 말한다. 그중 하나는 진보하는 '문명의 시간'이다. 되돌아가는 일이 없이 반드시 앞으로만 나아간다. 예컨대 문명사회가 이룬 도구나 과학 기술은 절대로 후퇴하지 않고 어제보다 오늘 그리고 오늘보다 진보한 내일을 맞는다. 2021년보다 2022년에 생산한 컴퓨터의 성능이 좋아졌다면 아무도 놀라지 않지만, 기능이 줄었다면 모두 놀랄 것이다. 이런 문명의 시간은 늘 일직선을 그리며 앞으로 나아간다. 앞에서 언급한 세상의 주류가 갖고 있는 가치관과 친화성이 높은 시간이라고 할 수 있다.

나머지 하나는 순환하고 회귀하는 '자연의 시간'이다. 이를테면 지구는 하루에 한 번 자전하면서 1년에 걸쳐 태양의 주위를 돈다. 이런 사이클은 태양계가 생겨난 48억 년 전부터 변함없는 것으로 전혀 진보하지 않는다. 다시 말해 지구는 공전함으로써 봄에서 여름, 여름에서 겨울로 바뀌고 겨울은 다시 봄으로 돌아간다. 빙글빙글 회전할 뿐 앞으로 나아가진 않는다. 야마오가 말하길 생물로서 인간의 몸과 마음은 이런 순환의 시간에 속한다고 한다. 인간은 누구나 태어나면 성장하고 노화를 거친 후 죽는데, 이런 삶의 사이클 역시 진보하지 않기 때문이다.

3. 순환하고 회귀하는 시간 속에서

우시마도에서 살기 시작하면서 순환하고 회귀하는 시간을 자연스럽게 의식하게 됐다. 예컨대 계절에 따라 기상 시간이 달라지는 것을 느꼈다. 겨울에서 봄, 봄에서 여름이 다가올수록 해가 빨리 뜨고 이에 따라 내 눈도 빨리 떠졌다. 반대로 여름에서 가을 그리고 겨울로 넘어가면 그만큼 기상 시간은 늦어진다. 태양의 움직임에 따라 생활 리듬이 정해지는 것이다. 뉴욕에서는 경험해 본 적 없는 감각이었다. 원래 대도시에서는 태양의 존재감이 약하다. 태양을 의식하지 않고 하루를 보내는 경우가 많다. 태양의 움직임과 거의 무관하게 그날의 형편에 따라 일정을 잡고 소화한다. 실제로 밤이든 낮이든 개인의 사정에 따라 무엇이든 언제나 가능한 게 문명 생활이다. 한밤중 12시라도 세탁기를 돌리고 건조기로 말릴 수 있다. 식생활도 마찬가지다.

졸작이지만 내가 만든 「항구 마을」에 나오는 우시마도 고소센교(高祖鮮魚)는 당일에 잡아 올린 생선을 판매하는 가게이다. 현지에서 잡히는 생선에 따라 판매하는 생선도 달라진다. 더구나 '제철' 생선이 따로 있어 어떤 시기에는 넘쳐나는 생선이라도 다음 주가 되면 갑자기 매대에서 사라진다. "돈을 낼 테니 볼락 조림을 해달라."고 말해봤자 볼락이 잡히지 않은 날에는 어쩔 수 없다. 채소도 마찬가지다. 무 수확철이 되면 이웃끼리 나눠 먹다가도 다음 주로 넘어가면 무가 뚝 끊어진다. 같은 지역에서 자란 무는 일제히 같은 시기에 소비하는 까닭이다.

생각하면 당연한 일이다. 그런데 콘크리트로 뒤덮인 대도시의 인공적 생활이라면 그런 일을 알아차리기 어렵다. 어찌 됐든 마트에 가면 일 년 내내 매대에 진열돼 있으니까. 무엇보다 무가 없으면 소비자는 "왜 무가 없냐" "상품 구색이 안 좋네"라고 하면서 불만을 토로할 것이다. 그래서 마트 측은 연중 내내 무를 판매하기 위해 산지와 품종을 계절에 따라 바꿔가면서 준비한다. 무뿐만이 아니다. 현대인은 모든 농수산물을 일년 내내 언제든지 구할 수 있기를 바란다. 이를 위해 장거리 수송을 하거나, 품종 개량 또는 농약이나 화학 비료를 치고 유전자를 조작하기도 한다. 무는 겨울이 제철인 사실을 실감할 수 없게 되는 것이다. 인간의 삶이나 의식이 태양의 변화, 즉 회귀하고 순환하는 자연의 시간으로부터 분리되고 오로지 직진하는 문명의 시간만이 강화한다.

4. 고양이에게는 '직진하는 시간'이 없다

우시마도에서 길고양이를 관찰하다가 문득 깨달은 바가 있다. 고양이에게는 '직진하는 시간'이 없다는 사실이다. 녀석들은 매일 똑같은 일을 반복한다. 아침에 일어나 밥을 먹은 후 그루밍을 한다. 그러고는 자신의 영역을 순찰하거나 사냥하고, 다른 고양이와 놀거나 싸우기도 한다. 피곤하면 잠을 자다가 낚시꾼이 보이면 다가가 생선 쪼가리라도 던져주길 기다리다 밤이 되면 다시 잠을 잔다.

인간이라면 그렇게 일상을 보내면서 뭔가 자신의 프로젝트(내 경우에는 영화 촬영이나 편집)를 조금씩 진행하겠지만 고양이는 그렇지 않다. 보다 효율적으로 그루밍할 수 있는 도구를 개발하기 위해 궁리하지 않는다. 자신의 영역을 침범하는 녀석과의 싸움에서 이기기 위해 무기를 개발하지도 않는다. 고양이에게는 순환하는 시간만이 흐르는 것이다. 녀석들에게 '진보'라는 관념은 없다. 사실 고양이만 그런 건 아니다. 인간 말고 '살아 있는'

모든 것이 그렇다는 사실을 깨닫고는 꽤 큰 충격을 받았다.

그렇다. 나무, 풀, 곤충이나 물고기, 멧돼지나 사슴 모두 순환하는 시간 속에서만 살고 있다. 직진하는 시간에 살고 있는 건 인간이 유일하다. 직진하는 문명의 시간은 오로지 인류만 갖는다. 그렇게 생각하자 나는 왜 인류가 지구의 지배자처럼 오만하게 행동하고 내 것인 양 으스댔는지 그 이유를 납득할 수 있었다. 직진하는 데 경쟁자가 없으니 독주할 수밖에. 동시에 인류가 진보를 추구하는 과정에서 자신들도 살아갈 수 없을 정도로 지구를 파괴해 온 것도 당연하다는 생각이 들었다.

여하튼 직진하는 문명의 시간에는 한계가 없다. 순환하는 자연의 시간이라면 가을에서 겨울로 넘어가 추위가 극에 달해도 다시 따뜻한 봄으로 회귀한다. 하지만 문명의 시간 속에서는 겨울 다음은 더욱 추운 '겨울 2.0'이 찾아오는 느낌이다. 늘 한 방향으로 나아갈 뿐 흔들림이 없으므로 제동을 걸어도 소용이 없다. 인류가 지금처럼 문명의 시간에만 매진한다면 머지않아 자연은 파괴되고 멸종의 길로 들어서는 게 자명해 보인다.

무엇보다 인류가 멸종해 지구상에서 사라지는 일은 오히려 자연계의 '순환하는 시간'이 정상적으로 기능하고 있다는 반증일지도 모른다. 이 세상 모든 것은 덧없으며 나타났다가도 사라지고, 다시 나타났다가 사라진다. 그런 의미에서 인류가 사라지는 건 자연의 섭리이므로 한탄할 일은 아니다.

내가 뉴욕에서 우시마도로 이주하고 싶다는 생각이 든 건 직진하는 문명의 시간에서 후퇴해, 순환하는 자연의 시간 속에서 살고 싶다는 걸 몸의 어딘가에서 무의식적으로 느꼈기 때문이 아닐까 싶다. 이제는 인류가 모든 문명의 시간에서의 후퇴를 결단하고 자연의 시간을 주체로 삼아 살아가는 길만이 우리의 생존을 연장할 유일한 방법이라고 생각한다. 그 길이란 끝없는 경제 성장 추구에서 벗어나 규모를 확대하지 않는 '정상(定常) 경제'를 지향하는 삶의 방식이다. 양보다 질을, 개발보다 보전을, 신설보다 유지를 중시하는 것으로 인구가 줄고 있는 이 나라에서 특히 필요한 사고방식이다.

경제 성장을 목표로 삼지 않는다는 말은 경제 활동을 벌이지 말라는 의미가 아니다. 규모를 키우지 않을 뿐, 내부적으로는 열심히 주고받으면서 사람과 물건 그리고 돈이 혈액처럼 구석구석 순환하도록 하자는 이야기다. 그렇다고 딱히 돌아가는 것도 아니고 비참한 일도 아니다. 오히려 진보와 확대를 향한 끝없는 갈망에서 자신을 해방해 자유로워지는 일이다. 동시에 자신의 욕망보다 자연의 섭리에 귀를 기울이고 맞춰 살아가는 겸허한 삶의 방식이다.

5. 자연의 시간 속에서 살아가기

사실 인간은 근대 이전 오랜 세월 동안 많든 적든 줄곧 앞에서 언급했듯이 살아왔다. 그게 아니라면 적어도 지금보다는 직진하는 시간에만 사로잡혀 살진 않았을 것이다. 인간이 자연을 정복할 수 있다는 착각에 빠져 문명의 시간을 직진하는 데에만 열중하는 사이 자연의 시간을 망각했다고 생각한다. 이번 코로나19 사태에서 봤듯이 인간 사회는 자연 현상인 바이러스를 적으로 간주하고 문명의 힘을 사용해 물량 공세로 제압하려 하다가 대혼란에 빠졌었다. 우리 인간도 자연의 일부인 만큼 순환하는 시간을 살아가는 존재라는 사실을 상기해야 한다. 나는 남은 인생을 문명의 시간에서 가능한 한 멀리 벗어나 자연의 시간 속에서 살려 한다. 앞으로 어떤 경험이 기다리고 또 어떤 발견을 하게 될지 무척 설렌다.

후퇴 행진

와타나베 이타루(渡邉格) | 타루마리 대표

1. 후퇴인가 낙향인가

아내와 함께 '타루마리'라는 가게를 운영하고 있다. 직접 제조한 빵과 맥주 같은 발효식품을 즐길 수 있도록 만든 카페이다. 나는 도쿄 출신이지만, 카페나 레스토랑의 화려한 무대라 할 수 있는 도시를 떠나왔다. 경쟁에서 '후퇴'한 것이다.

2008년 지바현 이스미시에서 개업 후, 두 번에 걸쳐 점포를 이전했다. 2011년에는 오카야마현 마니와시(市)로 옮겼고, 2015년에는 돗토리현 지즈초(町)로 점점 사람이 적은 산간 지역으로 후퇴했다. 학창시절 친구들은 이런 나를 보고 '낙향'이라고 놀리기도 했다. 내 딴에는 '공세'를 펼쳤던 건데 보는 각도에 따라 '도망'으로 보일 수도 있겠다 싶었다. 여하튼 시골로 후퇴한 지 15년을 맞는 지금, 더없이 행복한 삶을 살고 있다.

물론 점포 이전을 놓고 많은 갈등이 있었다. 장소가 바뀌면서 시간과 노력을 들여 만든 계획이 모두 물거품이 되자 앞날이 깜깜했다. 이런 불안뿐만이 아니다. 그간 도움을 줬던 많은 분을 뵐 낯이 없었다. 친구들은 한 곳에 자리를 잡고 약진해 가는데 왜 난 굳이 다시 제로부터 시작하려는 걸까⋯. 그 복잡하고 괴로웠던 심경은 이루 말할 수 없다. 하지만 우리는 서툴러도 스크랩앤빌드를 되풀이하면서 하나하나 새로운 발견을 거듭해 나갔다.

내가 태어나기 전 '365걸음 행진'[10]이라는 노래가 발매된 적이 있다. 가사 중에 "삼보 전진, 이보 후퇴"라는 구절이 있다. 쉰 살을 맞는 내 인생 후반은 바로 그 가사와 같지만 그래도 한 걸음씩 나아가고 있다.

2. 헛된 시간들

인생 전반기, 25세까지 쓸데없이 시간을 낭비했다. 고등학교를 졸업했을 무렵 일본은 버블 붕괴의 잔불이 남아 있었다. 친구

---

10) 1968년 11월 10일 발매한 스이젠지 기요코(水前寺清子)의 '三百六十五歩のマーチ'를 말한다.

나 동료는 모두 프리터[11]의 길을 선택했다. 나 역시 진학이나 취업을 선택하지 않았다. 사실 선택이라고 말하지만 실제로는 분위기에 휩쓸려 장래를 고려하지 않았을 뿐이다.

졸업하자마자 자칭 '파치프로'[12]로 활동하기 시작했지만, 타고나길 대범하지 못해 적게 걸고 승부를 보는 스타일이었다. 도박에 소질이 없다는 말을 듣고는 정말 그렇다는 생각이 들었다.

그 후에는 운송 회사에서 아르바이트를 하면서 펑크 밴드 활동을 했다. 기타를 맡았지만 연습이 너무 싫었다. 기타에 소질이 없다는 말을 듣고는 정말 그렇다는 생각이 들었다.

그래서 음악에서 도망치듯 밤마다 폭주족 무리와 어울렸다. 그들은 바이크나 자동차 엔진을 다루는 마니아였지만, 나에게 엔진은 귀찮은 물건일 뿐 도통 관심이 가지 않았다. 더구나 겁도 많아 질주하는 게 무서웠다. 조수석은 항상 내 차지였다.

어느 날, 동료 중 한 명이 고개에서 미끄러져 얼굴을 수십 바늘 꿰맬 정도로 다쳤다. 두려웠지만 막상 밤이 되자 또다시 차에 오르고 말았다. 그러다 얼마 지나지 않아 내가 앉았던 자동차 조수석 쪽이 벽에 충돌하는 사고가 났다. 자극과 흥분의 나날이었

---

11) 프리터(フリーター)는 영어 free와 독일어 Arbeiter를 합성해 만든 조어. 버블 붕괴로 고용 불안이 지속되자 나타난 사회 현상 중 하나로 대학 졸업 후 일정 직업에 종사하지 않고 아르바이트로 생계를 꾸려가는 사람이다.

12) 파친코로 수입을 얻는 사람을 일컫는 속칭.

지만, 자극이 거듭되자 어느새 난 자극을 느낄 수 없을 만큼 감수성이 둔해졌다.

그 당시 우리는 어두운 미래를 상상하며 "아프지 않게 죽는 법 없냐?" 따위의 말을 내뱉으며 살았다. 시간이 남아돌면 우울해져 그런 기분을 떨쳐내기라도 하듯이 여러 아르바이트를 전전했다. 도시락 배달을 비롯해 패밀리 레스토랑, 규동집 심지어 유적 발굴 아르바이트까지 안 해본 게 없었다. 그렇게 아르바이트로 돈을 모아 생활하던 어느 날 ATM기에서 돈을 찾다가 문득 이런 내 모습이 마치 현금 운반책 같아 암담했던 기억도 있다.

3. 헝가리의 풍요

그런 삶의 악순환에서 벗어난 계기가 있다. 23세에 경험한 헝가리 체류다. 아버지가 대학 연구년을 헝가리에서 지내기로 한 것이다. 나야 그저 따라갔을 뿐이지만, 사회주의 체제에서 전환한 지 몇 년 안 된 헝가리의 상황을 체감할 수 있었다.

당시 헝가리는 물질적으로 가난했다. 가구가 딸린 집을 임대했는데 냉장고가 신통치 않았다. 여름에는 맥주가 미지근했고, 심지어 냉장고 안에 벌레가 들끓었다. 그러나 그곳 사람들은 느긋했다. 수도 부다페스트에서 전차나 버스를 타고 조금만 나가면 대초원과 농지가 펼쳐질 정도로 도시 바로 옆이 시골이었고, 그들의 삶은 기쁨과 웃음이 넘쳐났다.

부다페스트 근교에 보니하드라는 시골 마을이 있는데 아버지 친구 차바가 살고 계셨다. 그곳에서 여름 일주일을 머문 적이 있다.

부다페스트 농업전문학교 선생이었던 차바와 아버지는 20년 전 야마나시현 후지요시다에서 만났다. 후지산에서 내려와 도쿄로 가볼까 하는 차바에게 아버지가 말을 걸었다고 한다. 두 사람은 죽이 잘 맞았는지 바로 요코하마에 정박 중인, 차바가 타고 온 러시아 여객선으로 가 선내에서 술잔을 나눴다. 그것으로 모자랐는지 이번에는 아버지가 답례로 차바를 집으로 초대해 다시 술잔을 기울였다고 한다. 당시 나와 누나, 동생은 엄마와 함께 외가에 가 있던 터라 그런 일이 있었는지 전혀 몰랐다.

그때 "언제 헝가리 오면 크게 쏠게!"라고 했던 차바의 약속이 20년 만에 이뤄진 것이다. 차바의 집에 머무는 동안 나와 아버지는 "아니 이렇게까지?" 할 정도로 극진한 대접과 환대를 받았다. 차바는 항상 웃는 모습이었다. 하루는 차바의 와이너리를 가기로 했는데, 그는 뭐가 그렇게 좋은지 고물과 다름없는 동독제 트라반트에 우리를 태우고는 어린애처럼 연신 "하하하" 웃어댔다.

그렇게 도착한 와이너리에서 시음한 와인은 모두 놀라웠다!

특히 차바가 손수 양조한 마지막 와인은 내 인생 와인 리스트 다섯 손가락 안에 들 정도로 감동 그 자체였다. 또한 와이너리 환경도 훌륭했다. 차바의 포도 농장과 와이너리는 집 뒷산 중턱에 있었는데 와인은 그곳에 파놓은 동굴 안에 저장되어 있었다. 서늘했던 공간뿐 아니라 아름다운 주변 경관까지 모든 것이 꿈처럼 여겨졌다.

체류 마지막 날 대접받은 산양고기도 훌륭했다! 더구나 식탁에는 사냥해서 잡은 오리뿐 아니라 마당에서 키우던 토끼와 닭까지도 올라왔다. 차바는 싱글거리며 "아까 네가 먹이 준 녀석들이야."라고 말해줬다. 뭔가 마음이 좀 걸렸지만 맛있는 건 맛있는 거다. 지금까지도 그때의 감동을 넘어서는 요리를 만난 적이 없다.

지금 내가 음식을 대하는 태도는 당시의 경험에서 비롯됐으며, 헝가리 경험은 나 자신이 음식과 술에 관심 있는 사람이라는 사실을 알게 해줬다. 그 후 귀국해 2년 뒤 26세에 농대에 합격했다. 학교에 다니면서 연구실 업무를 겸해 지바의 유기 재배 농가 지원 활동을 했는데 그 일이 즐거웠다. 농업 관련한 일로 살아가고 싶어 졸업 후 농산물 유통회사에 들어갔다. 그러나 회사에 적응하지 못했다. 그때 내 인생을 건 도박에 나섰다. 장인의 길을 걷기로 마음먹은 것이다. 31세에 제빵 수련을 시작해 약 5년 후 빵집을 열었다.

4. '과거'로 '현재'를 극복하다

빵이라는 발효 식품을 선택한 일은 시골로의 후퇴에 결정적이었다. 발효 작업에 적극적 의미를 부여한 전환의 계기였다. 현재 시중에서 판매하는 발효 식품 대부분은 순수 배양균을 사용하고 있지만, 타루마리에서는 균을 사지 않고 천연균을 직접 배양해 사용한다. 즉 우리는 과거의 발효 기술로 후퇴한 것이다. 메이지 시대에도 이미 안정적으로 발효하는 순수 배양균을 개발했기에 우리는 에도 시대의 전통 발효 기술을 사용한다.

천연균을 배양하려면 시간과 품이 많이 든다. 예컨대 빵을 발효하는 효모인 주종(酒種)[13]을 배양하는 데만 한 달 반이 걸린다. 더구나 좋은 재료와 환경을 갖추고 잘 돌보지 않으면 발효가 안되고 부패해 버린다. 이처럼 공기가 오염되면 부패균이 번식하기에 타루마리는 환경 오염을 유발하는 사람이 적은 지역으로 이전을 거듭하면서 결국 지즈[14]에 이르렀다.

하지만 이곳 지즈도 농약이나 화학 비료, 배기 가스 등 환경 오염을 일으키는 요인이 많다. 자본주의 사회는 환경을 파괴하는 쪽으로 흐르기에 적극적으로 지속가능한 지역 환경 지키기

---

13) 쌀에 내려앉은 야생균으로 배양한 천연 효모. 누룩 또는 이스트처럼 발효를 일으킨다.

14) 타루마리가 위치한 톳토리현 지즈초(智頭町).

에 나서지 않으면 발효 식품을 만들어 나갈 수 없다. 따라서 친환경 농법으로 재배한 원재료 수급을 위해 농가가 친환경 재배에 나설 수 있도록 환경을 조성한다. 또한 젊은 직원들이 기분 좋게 일할 수 있는 노동 환경과 사회 환경을 갖출 필요가 있다. 다시 말해 그것은 관계성을 회복해 새롭게 연결하는 일이라 할 수 있다.

반면, 순수 배양균은 원재료가 뭐가 됐든, 환경이 어떠하든 거의 실패 없이 발효를 일으킨다. 결국 보다 싼 원재료를 얻기 위해 지구 반대편까지 뒤지고, 더욱 땅값이 싼 곳을 찾아 공장을 짓는다. 이처럼 경제 합리성만을 추구한다면 모든 관계성은 사라진다. 원재료를 단지 가격 기준으로만 선택한다면 농가의 삶이나 지역 환경 파괴를 살피고 신경 쓰는 사람은 아무도 없을 것이다. 식물 같은 생명을 정량화해 돈으로만 환산한다면 쉽게 할인을 요구하거나 심지어 폐기 처분도 할 수 있게 된다.

전통적 발효를 위해서는 부합한 환경을 갖춰야 한다. 다시 말해 생산 비용은 환경 보전 비용을 포함하고 있다. 그런데 순수 배양 기술이 개발된 이후, 환경 보전 비용을 부담할지 경제 합리성을 추구할지 그 선택은 인간의 이성에 달린 일이 됐다. 내가 경험했던 헝가리 식문화의 풍요로움은 경제 합리성 개념이 없었기 때문에 가능한 일이었다는 걸 새삼 깨달았다.

전통 기술이라고 비효율에 합리성이 떨어질 리는 절대로 없

다. 분명 순수 배양균은 대량 생산으로 이어지지만, 그만큼 인간은 균의 속도에 맞춰 일하게 되고 이윤을 추구할수록 중노동에 시달리게 된다. 타루마리는 일을 더욱 편하게 할 수 있는 방법을 찾다가 마침내 천연균의 생명력 차이를 활용한 '타루마리식 장기 저온 발효법'을 고안해냈다. 빵 장인에게 가장 힘든 일이라면 매일 하는 반죽(생지 만들기)인데, 이 작업을 일주일에 한 번만으로도 끝낼 수 있게 한 것이다. 이 일은 전근대 기술을 탐색함으로써 근대 문제를 극복한 혁신이라고 자부한다. 자세한 이야기는 졸저『균의 소리를 들어라(菌の声を聴け)』(미시마샤)에 담았으니 여기서는 생략한다.

5. 후퇴로 깨달은 헛됨의 가치

우리 가족은 2년 전 읍내 지즈역 주변으로 집을 옮겼다. 지즈가 대부분 산림으로 이뤄진 데 비해 역 인근 마을은 인구가 많은 편이다. 하지만 고령화율이 43.54%(2022년 1월 1일 기준)로 마을 어디나 노인만 눈에 띈다.

그런데 작년 말쯤 무슨 일인지 마을 자치회에 참석해달라는 요청을 받았다. 얼굴도장이라도 찍자고 참석했는데 덜컥 자치회 부회장 자리를 떠안게 됐다. 부회장은 마을 내 A, B, C, D 네

개 반이 1년씩 돌아가면서 맡는데, 당번을 맡은 반에서 다시 세대별로 한 명씩 돌아가면서 담당한다. 우리 반은 9세대로 이뤄졌으니 계산상으로는 30년에 한 번 정도로 순서가 내게 돌아오는 셈이다. 그러나 반전이 있었다. 원래는 이번에 부회장 차례가 된 할머니가 계셨다.

"이제는 제대로 서지도 걷지도 못하는데… 나 같은 나이로는 무리야."

할머니는 호소하는 듯했다. 주위를 둘러보니 대부분이 70~80대, 순간 그들 모두가 나를 향해 '어떡하지?'라는 눈빛을 보내는 게 느껴졌다. 그래서 나도 모르게 그만,

"제가 해볼까…요?"

그러자 기다렸다는 듯이 "그래 자네가 맡아주겠는가!"

동시에 박수가 쏟아졌다. '혹시 이건 이미 계획한 시나리오…?'

내 속마음을 읽었는지

"뭐 대단한 일도 아니고, 별로 할 것도 없어." 같은 설명이 이어졌다.

"여러분 얼굴도 제대로 모르는 저 같은 신참자가 이렇게 큰 역할을 맡아도 되는지 모르겠지만…"

여하튼, 이런 식이면 4년마다 뭔가를 맡지 않으면 안 되겠구나 싶었다. 고령화율 선두를 달리는 우리 마을 자치회는 10년 안

에 사라질지도 모른다. 조만간 이와 비슷한 일이 일본 각지에서도 일어날 것이다. 그런데도 이런 상황을 직시하는 사람이 없어 보인다.

지즈 인구는 줄어드는데 도시에서 이주해오는 사람도 좀처럼 안 보인다. 빈집은 많지만 마을 안에 부동산 중개사무소가 없어 이주를 희망하더라도 살아갈 집을 구할 수 없다. 시골 사람들은 선대부터 이어진 집을 팔려고 하지도 않고, 임대도 원하지 않는 것 같다. 무너지기 직전으로 보이는 집이 가끔 매물로 나오지만 사려는 사람이 없어 폐가만 늘어난다.

마을 자치회뿐 아니라 지즈 마을 자체가 사라질 가능성이 있다. 하지만 '경제 합리성이 없다'는 이유로 시골 마을을 버려야 한다고 생각하지 않는다. 인생을 돌아보면 내게 시골로의 후퇴는 도회지의 삶보다 큰 의미가 있었다.

도시 태생인 우리 가족은 지금 지인이나 연고도 없는 산인(山陰)[15]에서 심신이 평안한 삶을 살고 있다. 생각해보면 인생의 풍요만큼 헛된 것은 없다.

내 인생 전반기를 헛되게 보냈지만, 돌이켜보면 현재의 삶을

---

15) 일본의 지역을 일컫는 말 중 하나. 혼슈 서부 중 동해에 면하는 지방 일부를 통칭한다. 보통 돗토리현과 시마네현이 여기에 속한다. 때에 따라 효고현, 야마구치현, 교토부 일부가 포함되기도 한다.

지탱하는 소중한 경험이었던 것 같다. 예컨대 운송회사에 몸으로 익힌 기술은 점포 이전이나 집 이사할 때 큰 도움이 됐다. 젊었을 때 경험한 다양한 육체노동이 나도 모르게 머리보다 몸을 먼저 쓰게 만든 셈인데 무엇보다 시골 생활이나 DIY 작업에 큰 도움이 됐다. 목숨을 걸면서까지 자극을 원했던 일조차 자연 속에서 생존하는 힘으로 이어졌다.

이제는 헛된 일이라고 피하지 않는다. 헛된 경험이라도 쌓이면 언젠가 의미를 지니기 때문이다. 덕분에 어떤 상황이라도 즉각적으로 판단하고 대응할 수 있게 됐다. 경제 합리성 관점에서 보면 헛된 일이라 여겨져도 자연법칙 관점으로는 얼마든지 가치 있는 일로 변한다. 지금은 자연법칙이 작동하는 시골이야말로 도시에게 없어서는 안 될 존재라고 생각한다.

6. 대담한 후퇴로 더욱 즐거운 인생을!

산간 지역 지즈 마을에 살면서 최근 몇 년 사이 자연재해 공포를 느끼는 일이 잦아졌다. 매년 폭우와 폭설이 찾아온다.

이런 현상은 시골과 도시의 뒤틀린 관계에서 비롯됐을지도 모른다. 여전히 시골 인구는 도시로 유출되고, 많은 생산물이 생산지 시골에서 소비지 도시로 이동한다. 현재 먹거리 물류가 배출하는 CO_2는 전체 배출량의 약 20%를 차지한다고 한다. 이런 상황이 온난화로 연결되어 폭우나 폭설로 나타난다. 특히 채산성이 맞지 않는다는 이유로 관리하지 않는 임업 산지는 보수력을 잃어 산사태로 이어지고 황폐화한다.

전통 발효법을 쓰기 위해서 주변 환경 조성이 필요하듯이 과거에는 모든 생산지에 환경 보전 비용이 포함됐었다. 그러나 자본주의 사회는 분업화와 원가 절감을 위해 환경을 파괴하고 방치해 버렸다. 현재 터져 나오는 문제는 모두 여기에서 비롯한다고 생각한다.

사람들은 대량 생산으로 상품의 품질이 균질해지고, 또 전국 어디에서나 구할 수 있어 삶이 편해졌다고 믿는다. 그러나 지금 넘쳐나는 상품은 품질 면에서 점점 조악해지고 있다. 전통 제조법으로 만든 물건은 가격이 비싸 살 수 없다고 여기는 사람이 많겠지만, 충분한 시간과 품을 들여 정성껏 만든 물건은 뛰어난 구석이 많다.

무엇보다 내구성이 좋아 오래 쓸 수 있다. 예컨대 전통 공법으로 지은 목조주택은 백 년 이상을 견딘다. 유기농 맥아와 홉을 쓰고 천연균으로 발효한 맥주는 수년간 숙성이 가능하며 시간이 지날수록 맛이 좋아진다.

또한 놀랍게도 옛날 방식으로 만든 물건은 삶을 편하게 해준다. 유기농 면에 천연 염색해 만든 옷은 때도 덜 타고 냄새도 배지 않아 세탁도 일 년에 한 번으로 족하다. 이런 물건은 자본주의 경제 합리성 체계에서 벗어난 방식으로 만든다. 환경을 지킬 수 있는 좋은 소재를 찾는 데서 시작하고, 제작 과정도 자연과 일체화하려는 사상이 담겨 있다.

물품이 귀하고 가난했던 옛날에는 세탁기도 없이 불편한 나날을 보냈을 것 같지만, 실제는 그렇지 않았을 수도 있다. 오래가는 물건을 소중히 여기면서 사용하고, 또 고장이 나더라도 쉽게 고쳐가며 살지 않았을까. 이것을 현대 사회에 응용할 수 있다면 우리 삶은 더욱 편안해지리라 생각한다.

발효 장인으로서 얻은 경험은 과거의 제작 방식은 강하면서 부드럽고, 더할 나위 없는 가치가 스며 있다는 것이다. 과거로의 후퇴는 뛰어난 지혜와 기법을 만나게 해준다.

"에도 시대로 돌아가자고?"

"낙향하자고?"

내게 이런 말을 할지 모르겠지만, 내 인생은 해를 거듭할수록 즐거워지고 있다. 어쩌면 '이보 전진, 삼보 후퇴' 정도로 대담하게 후퇴해야 앞으로 더욱 즐거워질지도 모르겠다.

후퇴 여성 분투기

와타나베 마리코(渡邊麻里子) | 타루마리 경영

1. 다양한 '후퇴'를 거듭하며

① 도시 → 시골

② 직장인 → 가업

③ 병원 출산 → 자택 출산

④ 분업 → 가내 수공업

⑤ 순수 배양균 → 야생균

⑥ 종이 기저귀 → 면 기저귀

⑦ 실내놀이 중심 유치원 → 숲 유치원

도쿄 태생인 우리 부부는 시골에서 빵과 맥주를 파는 '타루마리'라는 곳을 운영하고 있다. 두 명의 아이를 키우면서 위 항목에서 열거한 '후퇴'를 거듭해 왔다. 많은 사람이 흘러가는 길

(=진출)을 놔두고 굳이 반대 방향(=후퇴)을 선택한다는 건 스스로 적진에 뛰어드는 행위나 마찬가지로 괴로움을 겪기도 한다. 그럼에도 후퇴를 해온 지 15년, 지금 나는 즐겁게 일하면서 충만한 삶을 살고 있다.

타루마리와 우리 집이 어떤 이념을 갖고 후퇴를 실천(①~⑦)했는지는 『시골빵집에서 찾은 '부패하는 경제'』[16]와 『균의 소리를 들어라』[17]에서 소개한 바 있다. 이번에는 나 자신이 한 사람의 여성으로서 후퇴해 온 과정과 후퇴가 내 인생을 얼마나 풍요롭게 해줬는지(주로 ①~④)를 말하고자 한다.

2. 시골살이의 동경

나는 도쿄 세타가야구에서 나고 자랐다. 부모님과 오빠 이렇게 네 식구였던 우리 집은 무엇보다 마음을 편안하게 해주는 오아시스 같은 곳이었다. 조부모 대부터 친척 일가는 간토지방 일

---

16) 『田舎のパン屋が見つけた「腐る経済」』와타나베 이타루, 고단샤. 한국어판 『시골빵집에서 자본론을 굽다』(더숲)

17) 『菌の声を聴け』와타나베 이타루, 와타나베 마리코, 미시마샤. 한국어판 『시골빵집에서 균의 소리를 듣다』(더숲). 와타나베 이타루와 와타나베 마리코는 이 책에 앞서 한국에서 『천연균에서 찾은 오래된 미래』(우주소년)를 출간한 바 있다.

대에서 직장인으로서 삶을 꾸려왔다. 외증조부는 군마현에서 두부 가게를 운영했지만, 할아버지는 도쿄의 직장 생활을 선택했다. 아버지 쪽 선조는 오이타현 무사였다고 한다. 다시 말해 내 선조는 근대화 흐름을 타고 시골에서 도시로 진출한 것이다. 이와 달리 시골 빵집으로 후퇴할 정도로 나는 어릴 적부터 조금 달랐다.

초등학교 시절 나는 『초원의 집』[18] 시리즈를 애독하며 대자연 속에서 가족이 힘을 합쳐 살아가는 모습을 동경했다. 아버지가 숲에서 해온 나무로 집을 짓거나 난롯불로 납을 녹여 총알을 만들어 사냥하고, 돼지로 햄과 베이컨을 만드는 등 미국 서부 개척 시대를 살아가는 잉걸스 가족의 모습은 내 심장을 두근거리게 했다.

이와 달리 우리 가족은 자연의 혜택을 누릴 수 없는 도시에서 살았고, 아버지는 회사원으로 아무런 생산 수단을 갖고 있지 못했다. 또한, 직장에서 아버지가 일하는 모습을 볼 수 없어 어른이 되어 회사에서 일한다는 게 왠지 어렵고 두렵게 느껴졌다.

여기에 더해 미래의 공포 하나가 있었는데, 바로 지구 환경 문제였다. TV로 산성비나 오존층 파괴, 온난화 문제를 접하고

---

18) 『大きな森の小さな家(Little House in the Big Woods)』로라 잉걸스 와일더, 후쿠이칸 쇼텐. 국내에서는 비룡소에서 출간됐으나, 그것보다 70년대 TV 시리즈로 큰 인기를 끌었다.

이대로는 지구에서 살 수 없게 되니 뭐든 해야겠다고 진지하게 생각했다.

어머니는 생협 조합원으로 소비자 운동에 열심이었다. 의식주 관련해서도 상품 안전성이나 환경 부담 문제에 관심을 기울이고 있었는데 그런 어머니의 영향도 컸다. 특히 음식과 요리에 관심이 많았던 나는 먹거리 분야의 환경 문제에 대처해보리라 마음먹었다.

3. 결혼과 장내 세균

학창시절 나는 신체적 고민이 있었다. 배 속에 가스가 자주 찼는데 한마디로 방귀가 문제였다. 뭐 그런 것까지 굳이, 라는 말을 들을지 모르겠으나 내 의지와 상관없이 발생하는 생리 현상이라 나로서는 꽤 큰 고민이었다. 인구 밀도가 높은 도시에 사는 데다 학교 공간은 사람이 밀집한 곳이라 매일 학교 가는 일은 상당한 곤욕이었다.

그래서 더 회사원은 되고 싶지 않았다. '사회적 거리두기'라는 말은 없던 시절이었지만 사람이 별로 없는 드넓은 시골에서, 무엇보다 마음 편안한 가정을 꾸리고 부부가 함께 힘을 합쳐 음식 관련한 일을 하면서 살아가는 꿈을 품었다.

하지만 부부가 함께 일하려면 맞는 상대를 찾는 게 우선이었고 중요한 조건으로 '맘 편히 방귀 뀔 수 있는 사람'이어야 했다. 결국 와나타베 이타루를 만나 결혼했다.

결혼에 이른 과정은 긴 이야기라 생략하기로 하자. 여하튼 회사원이 되는 건 싫었지만, 대졸 사회 초년생만이 경험해볼 수 있는 세상이라 여기고 농산물 도매회사에 들어갔다. 그곳에서 입사동기로 이타루를 만났다. 우리 둘은 결국 2년을 못 채우고 퇴사했지만, 바로 결혼해 '천연 효모로 빵을 만드는 시골 빵집 차리기'에 돌입했다.

덧붙여 말하자면 내 배 속은 이전보다 꽤 좋아졌다. 타루마리에서는 야생의 균이 잘 발효될 수 있는 환경을 갖춰나가는 일이 중요한데, 나 또한 깨끗한 물과 공기로 둘러싸인 시골에서 좋은 식재료로 만든 음식을 먹다 보니 어느새 장내 환경이 좋아진 것이다.

4. 여성의 사회 진출과 후퇴

내가 '후퇴'를 지향한다고 해서 앞으로 나아가는 동급생 소식이 궁금하지 않았던 건 아니다. 특히 고교 시절 친하게 지냈던 여자 친구들은 의사나 아나운서가 됐거나 아니면 롯폰기 힐스에 사무실을 둔 외국계 투자사에 취업하는 등 화려한 길을 가고 있다. 그런 모습을 곁눈질하던 나는 일찌감치 결혼해 도쿄도 마치다시로 이사했다. 이타루는 빵집, 나는 잼 공방에서 수련 과정을 쌓았는데, 조금이라도 빨리 창업 자금을 마련하기 위해 머리도 직접 자를 정도로 절약을 이어갔다.

그러던 어느 날, 서점에 갔다가 유명 아나운서로 활약 중인 동급생의 연봉이 공개된 잡지 기사를 보게 됐다. 우리 부부 급여를 다 합쳐도 발끝에도 미치지 못할 정도라 우울감이 밀려왔지만, 마음을 고쳐먹고 나 자신을 격려했다. "우리는 지금 기술을 쌓는 중이야. 언젠가 독립해 시골에서 빵을 만들어 우리 방식대로 '풍요'를 누릴 것이다!"

5. 공사 구분과 분절의 삶

"공사 구분, 몰라?"

직장 생활은 역시 내게 맞지 않는다는 걸 통감하게 한 말이다. 연장자인 상사에게 매번 지적을 받았다. 사무실에서 또래 사원에게 편하게 대했다고 혼나고, 출장 간 김에 잠시 딴 곳을 들렀다고 혼났다. 생각이 짧은 행동을 한 건 맞지만, 그러고도 공사 구분이란 대체 뭔지 줄곧 생각했다. 내가 가진 24시간 중 언제부터 언제까지가 회사를 위한 시간이고, 언제부터 언제까지가 사적 시간인 걸까? 예컨대 독서는 주로 사적 시간에 이뤄지지만, 독서로 얻은 지식은 회사 업무에 도움된다고 생각한다.

나라는 사람은 '공'과 '사'의 개념이 없는 걸까? 회사는 멸사봉공의 자세로 임하지 않으면 안 되는 곳이라면, 개성적으로 살고 싶은 내겐 맞지 않는 게 아닐까?

여하튼 결혼하고 2년 후 딸을 낳았다. 출산 휴가와 육아 휴직을 거친 후 8개월 만에 아이를 어린이집에 맡기고 회사로 복귀했다. 육아 단축 근무 혜택을 받을 수 있었지만, 하루가 분절된 느낌이라 왠지 힘든 나날이었다.

아침 준비를 하고 딸아이를 어린이집에 맡긴 후 전철, 일, 전철 그리고 다시 딸을 데리러 갔다가 귀가하면 바로 저녁 준비와 빨래 등 집안일이 기다리고 있었다. 그러다 이타루가 돌아오면 저녁을 먹는다. 직장인, 엄마, 아내…로서 사는 나의 모습. 모두 내 역할인 건 맞지만 그때마다 다른 모드로 얼굴을 바꾸지 않으면 안 되는 느낌이었다.

그래서 결혼이나 육아가 경력 쌓기에 짐이 됐냐고? 아니, 오히려 인생을 살아갈 때 일과 삶 그리고 가족이 서로 연결된 세계에서 살고 싶다는 걸 새삼 느꼈다는 이야기다.

6. 병원 출산으로 맛본 분절

메이지 시대 이후 근대화와 경제 성장은 인간을 자연으로부터 떼어내기 시작했다. 또한 가족과 지역사회를 분절해 소비를 촉진하는 동시에 일을 분업화해 경제 효율을 추구해 왔다. 돌이켜 보면 나는 학교나 회사 그리고 출산 및 육아 등 인생 과정 전반이 분절된 것에 위화감을 느꼈던 것 같다. 지금 내가 후퇴한 이유는 바로 그것들을 연결하려는 데 있다.

특히 병원에서 딸아이를 낳았을 때 분절의 위화감을 맛봤다. 되도록 자연스러운 분만을 원해 조산원을 검토했지만, 아무래도 무슨 일이 생겼을 때 안심할 수 있는 쪽이 낫겠다 싶어 대형 병원에서 낳기로 했다. 당시 도쿄의 많은 병원을 비교하면서 자연 분만이나 모유 수유를 지향하는 병원을 선택했다.

출산 전 제출하는 '출산 계획서'에 다음과 같은 희망 사항을 적어놓았다.

· 자연 분만
· 진통 시 입욕 원함
· 원하는 자세로 출산
· 회음부 절개 없이
· 캥거루 케어

지금 생각해보면 당연한 일이지만, 대형 병원은 검진 때마다 만나는 의사나 조산사가 달랐다. 그렇다 보니 출산이 가까워질수록 '혹시 출산할 때도 처음 보는 스태프가 아이를 받게 되는 건 아닐까?' 하는 불안감이 심해졌다.

이윽고 첫 출산일. 새벽에 눈을 떴을 때 이미 진통이 5분 간격으로 찾아오고 있었다. 병원에 도착하자 처음 보는 젊은 조산사가 "초산이라 아직 더 있어야 해요~."라며 출산 전까지 대기하는 방으로 안내했다. 그곳에서 입덧을 심하게 했지만 이른 아침이라 그런지 아무도 와주지 않았다. 집에서부터 줄곧 곁을 지키던 이타루의 얼굴은 불안감으로 가득했다. 그러다 기다렸던 조산사가 들어와 입욕을 원하는지 물었다. 염원했던 히노키탕에 들어갈 수 있었다. 따뜻한 물에 들어가면 진통을 줄이고 긴장을 풀 수 있다고 해서 욕탕이 있는 병원을 선택했던 것이다. 하지만 여전히 방치된 느낌이었다. 그런데 진통이 꽤 강하게 왔다. '정말 아기가 나오려면 아직 멀었나?'라고 생각하는 순간 조산사가 들어와 나의 상태를 확인했다. 뭔가 큰일 났다는 표정이었다.

그런데도 나는 분만실까지 스스로 걸어가야 했다.

"참지 않고 소리 내도 돼요."

나도 모르게 나오는 엄청난 고함에 놀라고 말았다. 진통의 거센 파도를 겪으며 우여곡절 끝에 분만실에 다다랐고 강렬한 조명 빛을 바라보며 분만대에 눕혀졌다. 태아의 심장 박동을 측정하는 장비에서 '삐이삐이' 소리가 나자 남자 의사가 나타났다.

조산사가 "아기 심장 소리가 작아지고 있습니다."라고 했다.

하지만 나는 나보다 옆에서 초조해 하던(아마도) 남편이 더 신경 쓰였다.

의사는 "호흡 멈추고 배에 힘주세요. 눈은 감지 말고, 눈 뜨세요!"라고 하는데

'어? 눈을 뜨고 배에 힘을 주라고? 이거 잘 안 되는데…'라는 생각에 당혹감만 밀려왔다.

그때 의사가 물었다. "음. 출산 계획서를 보니 회음부 절개 없이 자연 분만을 원하셨는데, 지금 아기 심장 소리로 봐서는 흡입 분만을 해야 할 것 같아요. 괜찮겠어요?"

"네. 네!"

나는 물론 이타루도 그렇게 의사의 판단에 따를 수밖에 없었다. 앞으로의 상황을 알 수 없는 데다 고통까지 심해 뭐든지 좋으니까 어떻게든 해줬으면 하는 마음뿐이었다.

결국 딸은 무사히 태어났다. 그렇지만 갓 태어나 가슴에 안긴 딸에게 처음으로 건넨 말은 "미안해."였다.

'자연 분만을 하지 못해서 미안하고, 호흡도 제대로 하지 못해 미안하고, 기계로 흡입 분만하게 해서 엄마가 정말 미안해…'

7. 모든 것을 연결하는 자택 출산

아이를 낳고는 스스로 산모와 아이 모두 건강하고 모유 수유도 순조로우니 다행이라고 타일러봤지만 뭔가 개운치 않았다. 몇 달이 지나고 어느 날 조산사 시험을 준비하는 친구를 만나게 되어 흡입 분만 경험을 이야기했다. 그러자 그녀는 분명하게 말했다.

"뭐라고? 아이는 자연스럽게 낳아야 해" 하면서 『분만대여, 안녕』[19]이라는 책을 읽어봤냐고 물었다.

그런 말을 듣자 순간 기분이 나빠졌다. 하지만 책이 궁금해 바로 읽어봤더니 친구의 말을 이해할 수 있었다.

"그렇구나. 병원은 의사가 의료 행위를 펼칠 수 있는 환경이 갖춰진 곳이라 안전을 위해 빨리 낳게 한 것이구나. 그렇다면 다음에 아이를 또 낳게 될 때는 의료 행위 개입 없이 엄마와 아기의 리듬을 기다려줄 수 있는 조산원을 찾거나 자택 출산을 해야겠다."

그리하여 4년 후, 아들을 낳을 때는 조산사의 도움을 받아 집에서 낳기로 했다. 당시는 타루마리 개업 2년째로 우리 부부는 지바현에서 살고 있었다. 임신 중일 때는 지역 산부인과에서 검

---

19)『分娩台よ、さようなら』오노 아키코(大野明子), 1999년, 메디카출판.

진을 받으며 긴급 상황 발생 시 산부인과의 백업을 받을 수 있는 시스템이 갖춰져 있었다.

과거에는 '병원은 무슨 일이 생겼을 때 안심할 수 있는 곳'이라고 생각했지만, 그때 나는 자택 출산에 전혀 불안감이 없었다. 출산 전날까지 빵집 일이나 가사와 육아 모두를 해냈다. 요즘은 자택 출산이 드문 일이지만, 일본에서 병원 출산이 주류를 이룬 건 1965년경으로 그 전까지 출산은 일상의 장소에서 이뤄졌다. 나날의 삶과 분절된 병원과 달리 집은 가족과 그대로 편안하게 지낼 수 있는 공간이다.

이윽고 출산 당일. 아침에 진통이 시작되자 내가 원하는 시간에 입욕할 수 있었다. 임신 초기부터 줄곧 소통해온 조산사의 침착한 대응은 진심으로 신뢰할 만했다. 곁에 있던 남편 이타루도 당황하지 않고 허리 근육을 풀어주거나 격려의 말을 걸어줬다. 출산이 진행되자 나는 어느새 포복 자세가 됐다. 그러고 보니 배에 힘을 줄 때도 눈을 뜨고 있었다. 제대로 세상을 마주하고 있던 것이다. 지극히 자연스럽게 나온 무의식적 행동이었다.

이처럼 나와 아기가 힘을 최대한 발휘해 출산으로 이어졌기에 충만함을 느낄 수 있었다. 이런 경험은 자신감을 높여줬고 그후 나의 인생에 커다란 영향을 미쳤다. 이타루가 빵과 맥주를 만드는 과정에서 야생의 균을 마주한 것처럼 나 또한 임신과 출산 그리고 육아로 인간의 몸에 깃든 자연성과 마주할 수 있었다. 자연의 리듬으로 물건을 만들거나 아이를 낳고 기르면서 말이다. 본래 인생이란 풍부한 경험이 쌓이면서 모든 것이 매끄럽게 연결되는데, 그러면서 얻은 성취감이 살아갈 수 있는 자신감이 된다는 사실을 제대로 실감했다.

8. 엉망진창 24시간

"그런데 아기가 울기 시작하면 바로 뛰어가 젖을 먹이고 기저귀를 갈아주느라 때때로 손님을 기다리게 하거나 가게를 어지럽히기도 했습니다."

친숙한 가코 사토시 선생의 그림책 『까마귀네 빵집』[20]에 나오는 한 구절이다. 아이들이 어렸을 적 타루마리가 바로 이런 상태였다. 아들을 업은 채 빵을 팔면서 틈틈이 젖을 물리고 낮잠을 재웠다. 칭얼대는 아이를 꾸짖으면서 손님 계산을 돕는, 공사 구분 없는 차원에서 생활했다. 멋을 내거나 꾸미는 일은 남 얘기일 뿐이었다. 이렇게 정신없는 우리 빵집 상황에 고민하면서 필사적으로 하루하루를 살아갔다.

---

20) 『からすのパンやさん』가코 사토시, 1973년, 가이세이샤.

그래도 도쿄에서 일하던 시절에 느꼈던 분절감은 없었다. 시골에서 자연의 혜택을 누리며 생산 수단을 갖고 일하다 보니 삶과 가족 모두가 연결됐던 것이다. "내 24시간은 모두 나의 것이다." 진심으로 그렇게 생각하게 됐다.

9. 후퇴와 다음 세대

이처럼 우리 아이들은 타루마리라는 일상에서 부모와 스태프가 일하는 모습을 보며 자랐다. 그들은 피부로 알고 있다. 야생균으로 빵이나 맥주를 발효할 수 있고 농산물로 온갖 맛난 음식을 만들 수 있다는 것을. 또 산에서는 산나물 채취나 수렵, 강이나 바다에서는 물고기를 낚을 수 있는 것을 말이다. 먹거리뿐 아니라 임업 현장에서 나무를 베는 모습이나 아버지가 목공을 하는 모습도 보면서 자랐다.

모든 것이 분절되고 분업화한 도시에서 자란 나로서는 '웬만한 물건은 자연 속에서 얻어 직접 만들 수 있다'는 것을 보고 자란 아이들이 부럽기도 하고 믿음직스럽기도 하다. 앞으로 그들은 우리가 후퇴로 쌓은 기반을 토대로 어떤 삶을 살아갈까. 앞으로 우리 아이뿐 아니라 타루마리 스태프와 인턴은 물론 젊은 세대가 살아갈 모습이 기대된다.

제3장

—

패러다임의 전환

'벚꽃 동산'의 나라

히라타 오리자(平田オリザ) | 극작가·연출가

1. 체호프 작품의 매력

극작가 안톤 파블로비치 체호프는 1860년에 태어났다. 일본의 쓰보우치 쇼요(坪内逍遙, 1859년생)나 모리 오가이(森鷗外, 1862년생) 또는 후타바테이 시메이(二葉亭四迷, 1864년생)와 동세대 사람이라고 할 수 있다.

근대 사실주의 연극은 입센이 시작해 체호프가 완성했다. 하지만 19세기가 낳은 가장 위대한 극작가 체호프는 1904년, 44세의 젊은 나이로 생애를 마감했다.

체호프는 러일전쟁이 일어나고 5개월 후인 1904년 7월 사망했다. 그런데 아무리 희대의 극작가였을지라도 설마 조국이 극동의 작은 섬나라에게 패배하리라고는 상상하지 못했을 것이다. 그뿐만이 아니라 그는 피의 일요일이나 로마노프 왕조의 붕괴 또는 스탈린이 초래한 또 다른 형태의 절망을 보지 못한 채 죽었다. 그런 굴욕과 혼돈의 광경을 놓치고 사라진 건 그에게 과연 행복이었을까….

2021년 말, 내가 진행하는 라디오 프로그램에서 「드라이브 마이 카」로 세계 영화제를 휩쓸고 있던 하마구치 류스케 감독과 대담할 기회가 있었다. 많은 분이 봤겠지만 「드라이브 마이 카」는 무라카미 하루키의 원작 소설과 마찬가지로 체호프의 『바냐 아저씨』를 무대에 올리는 연출가(원작에서는 배우)가 주인공이다. 영화 속에서는 다국적의 배우들이 출연해 각자의 언어로 연극을 진행한다.

다국어가 난무하는 연극을 만들었던 연출가는 일본에 그리 많지 않기 때문에 영화 크랭크인 전 내게 하마구치 감독으로부터 상담을 받고 싶다는 연락이 와 줌(ZOOM)으로 1시간 반 정도 시나리오를 놓고 조언을 했던 적이 있다. 그때는 다국어 연극 창작 과정에서 실제로 일어나는 문제와 몇 가지 에피소드를 묻는 대로 대답했던 것 같다.

또한 「드라이브 마이 카」의 영화 속 연극에는 내 극단원이나 내 무대에 자주 오르는 많은 배우가 출연하기도 한 인연이 있어 라디오 프로에 부를 수 있었다. 대담 시간 대부분은 게스트인 하마구치 감독이 살아온 면면이나 작품을 놓고 이야기가 오갔지만 딱 하나 감독이 던진 질문이 있었다.

"히라타 씨는 체호프 작품의 매력을 무엇이라고 생각합니까? 프랑스에서는 히라타와 체호프가 자주 비교된다고 들었습니다."

확실히 프랑스 신문이 내 작품의 비평을 실을 때 '아시아의 체호프'라는 다소 과장된 칭호를 붙인 적이 종종 있었다(프랑스 비평가는 그런 수사 표현을 좋아한다). 또 인터뷰나 공연이 끝난 후 토크 세션에서도 체호프와 관련해 영향을 받은 것에 대한 질문이 가장 많다.

나는 그럴 때를 위한 답변을 준비해 놓고 있다. 대략 다음과 같다. "체호프는 멸망 직전의 제정 러시아 사람들을 애정 어린 시선으로 그렸고, 나 또한 쇠퇴일로의 우리 조국 사람을 애정 어린 시선으로 그렸다고 생각한다."(프랑스 관객은 이런 대답을 좋아한다)

라디오에서 하마구치 감독의 질문에는 다음과 같이 대답했다.

"체호프 작품의 불가사의함은 누구 하나 제대로 된 사람이 나오지 않는다는 것입니다. 하나같이 '글러 먹은' 사람이죠. 그런데도 모두가 매력적입니다. 악인이나 선인을 묘사할 때 아부나 떨던 나쁜 사람이 실은 착한 사람이라든가 아니면 착한 사람에게도 어두운 면이 있다는 정도라면 누구나 쓸 수 있습니다. 그런데 체호프 작품에서 등장인물 모두는 선악의 저편에 존재합니다. 제대로 된 놈 하나 없지만 어쩐지 사랑스럽습니다."

2. 일본 문학이 짊어진 숙명

20여 년 전 기시다 교코 씨와 그가 속한 '연극집단 엔(円)'으로부터 신작 의뢰를 받은 적이 있었다. 아직 30대였던 나는 기쁨에 넘쳐 『벚꽃 동산』을 모티브로 『먼 나날의 사람』이라는 작품을 써 내려갔다. 그런데 쓰다가 깨달았다. 아무래도 『벚꽃 동산』과는 거리가 멀다는 것을. 아니, 그것은 『벚꽃 동산』이 아니라 다자이 오사무의 『사양』이었다.

과거에도 이런 경험이 있었다.

토마스 만의 『부덴브로크가의 사람들』을 바탕으로 식민지 조선에서 살아가는 일본인 가족을 그린 『서울시민』을 쓰는 도중에도 이것은 기타 모리오의 『니레 가문 사람들』이라고 느꼈었다. 물론 『니레 가문 사람들』 자체가 토마스 만의 명작 『부덴브로크가의 사람들』을 강하게 의식하고 쓰인 작품이긴 하지만.

그로부터 몇 년 후 또 비슷한 일이 있었다. 마찬가지로 토마스 만의 『마의 산』을 모티브로 한 『S고원으로부터』라는 작품을 쓸 때도 역시나 『마의 산』의 중후함보다는 『바람이 분다』의 덧없음 같은 게 더 두드러진 작품이 되고 말았다.

내 재능의 한계라고 말하면 그만이지만(사실 반 이상 맞는 말이지만) 아마도 일본 문학은 늘 이런 숙명을 안고 있는 듯하다.

후타바테이 시메이는 일찍이 언문일치의 문체를 확립했으나 그것을 이룬 순간 '쓸 만한 게 없다'는 걸 깨닫고 바로 붓을 꺾고 말았다.

메이지 중기, 당시 젊은이들은 서양 문학을 번역으로 접하면서 인간에게 내면(자아)이라는 것이 있는데 그것을 언어로 표현하는 방법이 '소설'이라는 걸 알게 됐다. 이렇게 일군의 문학 청년은 근대화와 국력 강화를 위해서는 언문일치가 급선무라 생각했고, 그 당시 국가의 목적과 일치했다.

사관학교 수험에 번번이 실패한 후타바테이를 보면 아마 그역시도 같은 뜻을 세우고 있었던 것 같다. 하지만 그는 시대를 앞서 내다봤는지 바로 시름에 빠져버린다. 투르게네프 단편집 『사냥꾼의 수기』에서 러시아 황제의 마음이 움직인 걸 계기로 농노가 해방됐듯이 그런 사회성을 일본 문학은 가질 수 없다고 생각하면서.

3. 철학이 없는 일본

후타바테이보다 조금 늦었지만 나카에 조민(中江兆民)은 『일년유반(一年有半)』에서 "우리 일본은 예부터 지금에 이르기까지 철학이 없다. 만병의 근원이 여기에 있다."며 한탄했다. 그러면서 일본 최초의 철학서 집필을 목표로 『속·일년유반』 작업에 들어갔다. 그러나 조민은 안타깝게도 1년 반이라는 시한부 선고로 그 뜻을 이룰 힘을 잃고 말았다.

물론 그 후에도 일본에 근대 철학자라고 부를 만한 사람이 나타나지 않은 건 아니다. 예컨대 니시다 기타로(西田幾多郎)가 있다.

나는 십대 시절 철학을 해보려는 생각으로 대학에 들어갔다. 일단 번역서이긴 해도 칸트나 데카르트를 읽으며 제법 철학도 티를 냈던 것 같다. 그러다 니시다 기타로를 접하고 어마어마한 난해함에 질려버렸다. 그것은 서양 철학자들의 책과는 또 다르게 느껴지는 난해함이었다.

그 무렵, 고바야시 히데오(小林秀雄)[1]가 니시다 기타로의 글을 "타인이라는 존재의 저항을 전혀 느끼지 못하는 니시다의 고독이, 일본어로도 외국어로도 쓰여 있지 않은 기괴한 시스템을 만들어 버렸다"고 표현한 문장을 만나고 나는 바로 전향을 결심하고 철학 전공을 때려치웠다.

당시 나의 최대 관심사는 왜 일본어로 논리를 파고들면 일본어가 아닌 '기괴한 시스템'이 되고 마는지, 아니면 왜 『삼취인경륜문답(三酔人経綸問答)』의 쾌활함을 『속·일년유반』에서는 느낄 수 없는지에 있었다. 졸업 논문도 조민을 소재로 「일본의 철

---

1) (1902년~1983년) 문예평론가, 편집자, 작가, 고미술 수집 감정가.

학 부재」라는 주제넘은 제목을 달아 제출했다. 담당 교수였던 다케다 기요코(武田淸子) 선생에게 "논문인지 지저귀는 소린지 모르겠다."며 꾸중을 들었다. 취직도 하지 않고 연극을 계속한 나의 최대 문제의식은 일본어로도 사실주의가 가능한지에 모여 있었다. 그리고 지금도 마찬가지다.

4.「벚꽃 동산」은 사실「체리밭」

『사양』은『벚꽃 동산』의 영향을 강하게 받은 작품으로 알려져 있다. 그런데 잘 알려지지 않았지만 체호프가 쓴 희곡『벚꽃 동산』은 사실 제목부터 오역으로 원래는 '체리 동산' 또는 '체리밭'이 올바른 번역이라고 한다. 작품 속에 나오는 벚꽃은 일본인이 상상하는 감상용 나무가 아니라 많은 수확을 기대하는 체리나무다.

애초에 '체리밭'으로 번역해야 하는데 '벚꽃 동산'으로 하다 보니 일본에서 무대에 올릴 때마다 정서적 분위기가 돼버려 작품이 원래부터 품고 있었던 사회 비판적 메시지가 희미해졌다는 평가도 있다. 그 선봉에는 일본에서 사회주의 리얼리즘의 금자탑『화산회지(火山灰地)』의 구보 사카에(久保栄)가 있다. 구보는 그 후『벚꽃 동산』을 강하게 의식한『임금원 일기(林檎園日記)』라

는 희곡을 쓴다. 구보의 주장은 옳다. 그러나 『벚꽃 동산』 최초의
역자가 '체리밭'이라는 제목을 붙였다면 일본에서 그렇게까지
많이 상연되지 않았을지도 모른다. 그리고 다자이 오사무의 『사
양』도 없었을지도.

번역 대국 일본에서 이런 류의 유명한 오역은 흔하다. 예컨대
'Norwegian Wood'[2]가 『노르웨이의 숲』이 된 것처럼 말이다.

다자이의 기일을 '앵두기'라고 부른다(나는 추모식에는 가본 적
이 없지만 학창시절 살던 아파트 가까이에 묘지가 있어 몇 번 찾아갔었다).
그 이름은 자살 직전에 쓴 『앵두(桜桃)』에서 따왔다. 다자이는
『벚꽃 동산』의 벚꽃(桜)이 체리였다는 사실을 알았을까.

다자이 오사무가 자살한 1948년, 다자이와 동갑내기인 오오
카 쇼헤이(大岡昇平)는 『포로기』를 발표한다. 다야마 가타이(田山
花袋)를 시조로 일본 근대문학은 '사소설'이라는 특이한 리얼리
즘 장르를 발전시킨다. 다만 '심경 소설'이라고도 부르는 일본
사소설은 대상이 작가의 행동에 한정되기에 사회성이 떨어지는
문제를 지니고 있다. 후타바테이 시메이의 예견이 딱 들어맞는
지점이다.

그런데 여기서 사회적 절실함이 묻어난 사소설이 등장한다.

---

2) 『노르웨이의 숲(ノルウェイの森)』은 비틀즈의 노래인 'Norwegian Wood'에서 따온
제목이지만 의미는 노르웨이산 목재 가구를 뜻한다.

『기노사키에서(城の崎にて)』에서 시가 나오야(志賀直哉)는 자신이 장난삼아 던진 돌에 도롱뇽이 죽자 작은 생명을 빼앗았다는 생각에 당황한다. 그로부터 30년 후, 오오카 쇼헤이는 열대의 정글 속에서 눈앞의 젊은 미군 병사를 쏠지 말지 망설인다.

이것 말고도 『포로기』가 빛을 발하는 지점은 등장인물 대부분을 애정 어린 시선과 유머로 그리고 있다는 점이다.

전쟁이 없었다면 스탕달 연구자로 생을 마감했을지도 모를 연약한 인텔리는 전장의 극한상황을 겪으며 분명 '쓸 만한 것'을 얻었을 것이다. 한편 대표적 대중작가인 하야시 후미코(林芙美子)는 종군 체험을 바탕으로 『뜬구름』(1950년) 같은 명작을 남긴다. 그러나 이런 '전후문학'의 발현은 지극히 단기간에 머물다 끝나고 말았다.

5. 냉철한 리얼리즘이 필요하다

『포로기』가 출간된 1948년, 가네코 미쓰하루(金子光晴)는 시집 『낙하산』을 발표한다. 시집 속에 있는 「외로움의 노래」의 마지막 연을 조금 길지만 소개하고자 한다.

마침내 이 외로운 영혼이 태어난 땅이 전쟁을 가져왔구나.

너희 탓은 아니야. 물론 내 탓도 아니지. 모두 외로움의 업 때문이란다.

외로움이 총을 들게 했고, 외로움에 속아 깃발 휘날리는 쪽으로,
어머니와 아내를 뿌리치고 떠났으니까.
세공 장인도, 세탁소 주인도, 종업원도, 학생도,
바람에 흔들리는 민초가 됐지.

누구라 할 것도 없이 죽으라고, 배웠으니까.
건달이거나, 겁쟁이거나, 인품이 뛰어나더라도, '덴노'라는
말에 눈이 멀어,
철부지처럼 신이나 뛰어나갔지.

하지만, 총 뒤에 숨어 벌벌 떠는 존재가 되어
내일의 화살이 두려워,
억지로 불안과 회의를 떨쳐보지만,
어차피 죽음뿐, 적어도 오늘 하루만이라도,
따라준 술 한잔에 취하련다.
이기주의와, 사랑의 얄팍함.
잠자코 견디는 걸인처럼,
다음 배급을 기다리는 여자들.

멸망에 임박한 민족의 운명에

나날이 슬픔에 잠기는 사람들의 표정에서

이토록 깊은 외로움을 나는 아직, 본 적이 없노라.

그러나, 이젠 아무래도 상관없어. 내게 그런 외로움 따윈

아무것도 아니니까.

내가, 내가 지금 정말로 외로운 건

이런 몰락의 방향과는 반대로,

혼자 멈춰서, 외로움의 근원을 끝끝내 밝혀내, 세계와 함께

걷고자 하는 단 한 사람의 의욕도 내 주변에서 찾을 수 없기

때문이야. 그런 거야. 오직 그것뿐.

나는 7년 전, 쓰다 다이스케(津田大介) 씨가 운영하는 인터넷 미디어의 전후 70년 특집 때 이 시를 인용해 '세 가지 외로움과 마주하기'[3]라는 글을 쓴 적이 있다. '후퇴'에 관해서는 이미 그 때 내 생각을 다 적었다. 관심 있는 분은 참고하기 바란다.

요컨대 중요한 건 "혼자 멈춰서, 외로움의 근원을 끝끝내 밝혀내"라는 구절인데 만약 그것을 일본어로 할 수 없다면 사태는 더욱 심각하다.

---

3) https://politas.jp/features/8/article/446. 원주.

외로움에는 언제나 감미로운 상처가 따른다. 그리고 일본인은, 아니 인간은 그 상처에 약하다.

"시키시마(敷島)[4]의 대화혼[5]이 무어냐고 묻노라면 아침 햇살에 반짝이는 산벚꽃."[6]

모토오리 노리나가가 찬양했던 '모노노아와레'[7]는 결국 일본인이 벚꽃을 좋아하는 이유는 (떨어지는 꽃잎이) 일본인의 무상관(無常観)과 일치되는 데 있다는 환상으로 이어진다. 가미가제 특공대 이름인 '시키시마' '야마토(大和)' '아사히(朝日)' '야마자쿠라(山桜)'는 모두 모토오리 노리나가의 시에서 따온 말이다.

가미가제로 죽어간 젊은 병사 개개인은 가엾기 그지없으나 전쟁이라는 리얼리즘 속에서 '깨끗이 산화한다'는 건 바로 외로움에서 오는 환상이다. 현실의 우리는 꽃이 산화하지 않도록 끝까지 궁리해 나가야 한다.

---

4) 일본서기에 나오는 스진덴노(崇神天皇)의 거처 시키노미즈카키노미야(磯城瑞籬宮)에서 따온 말로 옛 일본의 국호.

5) 원문은 대화심(大和心)으로 대화혼(大和魂)과 같은 말로 일본의 마음을 의미한다.

6) 에도시대 국학자 모토오리 노리나가(本居宣長)가 지은 와카(和歌). 일본인의 마음이란 산에 핀 벚꽃이 아침 햇살을 받으며 반짝이며 아름답게 떨어지는 모습과 같다는 의미.

7) 계절이 바뀔 때 느껴지는 정치로 남녀, 부모, 자녀, 친구 사이의 이별로 생기는 애절한 정서나 적막하고 슬픈 기분을 나타내는 말. 직역하면 사물의 비애(物の哀れ).

체리밭을 '벚꽃 동산'으로 옮긴 우리는, 우리 사회는, 우리 모어는 과연 후퇴전를 치르기 위한 냉철한 리얼리즘을 가질 수 있을까. 그렇다고 불안의 탄식만 내뱉을 순 없다. 문학세계 한쪽 구석에 있는 나는, 그런 일을 하나라도 더 남기고 싶다. 일본어에서 리얼리즘은 가능한가, 가능하다면 어떤 형태를 취할까. 후타바테이의 시름은 아직 풀리지 않았다.

어느 이과계 연구자의 경험적 후퇴론

나카노 도오루(仲野徹) | 생명과학자

1. 골치 아픈 원고 의뢰

이번에는 '후퇴에 대해서'다. 우치다 선생이 내게 앤솔러지 원고를 의뢰한 건 지금까지 다섯 번째. 벌써 머리가 아프기 시작한다. 기존의 예를 보자면, 원고 의뢰를 받은 다른 필자는 모두 '논객'으로 인문계 사람이다.

문과계와 이과계로 나누는 방식이 좋지 않은 건 알고 있다. 하지만 문과 출신과 이과 출신은 사고방식에서 큰 차이가 날 수밖에 없다. 이과의 사고법은 최단거리를 지향한다. 반면, 어디까지나 개인적 의견이지만 문과에서는 우회로를 많이 거친 논고일수록 좋은 평가를 받는 듯하다. 어떤 문제에 대해 단정 짓는 것과 끝까지 고민을 거듭하는 것의 차이랄까. 말하자면 그렇다는 이야기다.

이는 단지 사고방식의 차이가 아니라 양쪽의 문제설정 방식 차이일지도 모르겠다. 이과의 경우, 질문을 정하는 단계에서 해결 가능성 유무를 전제로 놓는다. 바꿔 말해 처음부터 기술적으로 불가능해 보이는 건 대상에서 제외한다. 결과가 나오지 않으면 의미가 없으니까. 이와 달리 문과는 더욱 복잡한 사고 과정을 통해 해답이 없을 것 같은 문제라도 도전하는 듯하다. 어쩐지 문과계 쪽의 수준이 높아 보이는데, 때로는 그게 뭐가 문젠데? 우리 한번 얘기해볼까? 라고 할 것 같은 기분마저 든다. 이과적 사고형 인간의 한계라고 비웃어도 할 수 없다.

노벨상에 빛나는 위대한 면역학자 피터 메더워는 "정치는 가능성 추구의 예술이고, 연구는 해결 탐구의 기술"이라는 말을 남겼다. 정치를 문과계, 연구를 이과계로 바꿔도 의미가 통할 듯하다. 어느 쪽이 좋고 나쁘다는 게 아니라 둘은 근본적으로 차이가 있다는 말이다.

이번 주제는 '후퇴'다. 이과적 발상으로는 말하자면, 후퇴가 논리적으로 맞으면 하면 된다는 지극히 간단한 대답이 나오기 십상이다. 그러나 이렇게 책으로도 나올 정도로 세상의 일이란 그렇게 간단하지 않다. 구차한 변명이겠지만, 이과계 사고에 젖은 나 같은 사람이 '후퇴'를 말하기엔 다소 부담스러운 구석이 있다. 그렇다고 원고를 맡지 않을 수도 없다. 문제가 있다면 나도 모르게 바로 문제에 뛰어들고 마는 이과계 연구자의 타고난

기질 탓도 있지만 그간의 의리를 지키고 싶은 마음도 있다.

이 책이 나올 무렵에는 정년을 맞이하게 된다. 40년 가까이 대학에서 생명과학 연구에 종사하면서 여러 주제를 다뤄왔다. 생각보다 결과가 좋았던 것도 있고 실망스러운 결과를 보기도 했다. 그중에는 부득이하게 후퇴한 것도 있다. 비근의 예일지도 모르겠으나 일단 거기서부터 시작해 후반에서는 보다 시야를 넓혀 현재 국립대학이 처한 극도로 어려운 상황과 후퇴에 대한 이야기를 해보려 한다.

2. 자잘한 후퇴는 일상다반사

연구 수행이란 한마디로 그 당시 손에 넣은 데이터를 잘 살펴 잘 될 것 같으면 '고', 안 될 것 같으면 '스톱'을 반복하는 과정이다. 시작 전부터 잘 될 걸 알았던 연구만 한다면 진척은 원활할지 모르겠으나 커다란 진전은 기대하기 어렵다. 그래서인지 진행이 잘 안 되어 '스톱'해야 할 것 같은 연구가 메인이 된다. 운에 맡길 정도까지는 아니라 할지라도, 성공 가능성이 희박한 연구가 큰 성공을 거둘 것 같으면 바로 시도해 보고 싶어지니까. 다만 이런 케이스는 후퇴 결단도 비교적 쉽게 내릴 수 있다. 처음부터 성공 가능성이 적다는 조건을 반영했기 때문이다. 그런데도 잘못된 '스톱' 판단을 내릴 때가 있다.

일찍이 스승인 혼조 다스쿠(本庶佑)[8] 선생은 "생각이 무른 것과 낙관은 다르다."고 말씀하셨다. 자신의 연구에 대한 애착이 강하면 점점 손을 놓고 싶지 않게 된다. 그러니까 욕심에 눈이 멀어 달콤한 전망을 세운 후 조금씩 점점 깊이 빠져들기 쉽다. 과유불급이다. 어느 정도의 낙관성은 연구 수행에 필요조건이라고 생각하지만, 생각이 무르면 결국 쓸데없는 실험에 빠지게 된다. 그러지 않도록, 다시 말해 '매몰 비용'이 커지지 않도록 적절히 후퇴해야 한다.

매몰 비용이란 프로젝트를 진행하다 중지했을 때 이미 써버려 되돌릴 수 없는, 즉 원래대로 회복할 수 없는 자금이나 노력을 말한다. 연구 분야뿐 아니라 회수할 수 없음에도 그동안의 투자가 아까운 나머지 후퇴 용단을 내리지 못해 손실을 더 키우는 경우가 많다. 이를 '콩코드 오류'라고 한다. 초음속 여객기 콩코드는 채산성이 맞지 않는다고 예측됐음에도 개발을 밀어붙인 데에서 유래한 말이다.

연구 과정에서 그런 사태를 막기 위한 최선의 조치는 시작 전 제대로 된 체크포인트를 미리 설정해 두는 일이다. 이런 결과가 나오면 '고', 나오지 않으면 '스톱'을 결정하는 포인트 말이다.

---

8) 일본의 의사이자 분자 면역학자로 노벨의학상 수상자.

이렇게 말하면 간단하게 보이지만 종종 어느 쪽으로도 판단하기 어려운 결과가 나오기도 한다. 그럴 때, 절대 되돌릴 수 없는데도 매몰 비용을 너무 인식한 나머지 자칫 섣부른 판단을 내리기 쉽다. 내 경우를 되돌아보면 그럴 때일수록 강하게 마음먹고 후퇴한 게 결과적으로 좋았던 적이 확실히 많았다. 그렇다고 결단이 쉬웠던 건 아니다. 연구 진척 과정에서 (연구원들에게) 콩코드 오류에 빠지지 말라고 얼마나 강조했는지 모르겠다.

여기서 문제는 실제로 실험을 하는 사람과 지도자의 처지가 다르다는 점이다. 연구 수행자는 실험을 위해 상당한 시간을 쓴 데 반해 지도자는 "그래 한번 해봐. 잘 될지도 모르잖아"라고 부추길 뿐이니까. 전자 쪽은 매몰 비용이 훨씬 크기에 계획대로 밀고 나갈 공산이 크다. 의견 차이가 심해져 사제 간에 금이 가지 않도록 이것도 확실한 체크포인트를 마련해 놓는 게 바람직하다.

3. 세 가지 후퇴 사례 연구

부끄럽지만 앞서 언급했듯이 비교적 초기에 결단할 수 있었던 철수와 달리 상당히 파고들었음에도 어쩔 수 없게 돼 후퇴한 경우도 있다. 바꿔 말하자면 매몰 비용이 너무 높아져 후퇴할 수

밖에 없었던 연구다. 다행히 서너 건 정도에 그쳐 기억하고 있다. 하긴 그런 일이 많았다면 연구자로서 살아올 수 없었겠지만.

하나는 여러 번 실험을 거친 데이터끼리 상반된 결과가 나와 해석이 불가해 아무리 해도 수습할 수 없었던, 말하자면 '수습 불가' 연구다. 또 하나는 열심히 연구했다면 가능했을 수도 있지만 더 이상 얼마의 수고와 돈 그리고 시간을 들여야 할지 몰라 포기한 '미래 불안' 연구. 나머지 하나는 얻고자 하는 결과를 다른 연구실에서 먼저 이룬 '완전 패배' 연구이다. 여기서는 되도록 이 세 가지 건의 전문적 내용은 다루지 않고 각각 펼쳐졌던 상황과 후퇴에 대해 써보고자 한다.

먼저 '수습 불가' 경우는 어떤 세포로도 분화할 수 있는 ES세포(배아줄기세포) 유지 메커니즘에 관한 연구였다. 거의 완성 단계에 이르러 재차 확인차 실험했건만 지금까지 얻은 데이터의 정합성에 어긋나는 결과가 나와버렸다. 그래서 어떻게든 바로잡으려고 한층 분발했으나 실험이 거듭될수록 미궁에 빠져 그만 후퇴할 수밖에 없었다.

사실 상당한 연구 데이터가 쌓인 상태라 쓸 만한 데이터만을 추려 논문으로 낼 수도 있었다. 하지만 그런 의도적 취사선택은 날조나 표절 아니면 개찬(改竄) 같은 부정 논문 3대 사유까지는 아니더라도 명백한 연구 부정임은 틀림없다. 역시나 그런 짓을 할 수는 없어 논문은 포기했다. 모든 게 헛수고로 돌아갔다.

다만, 연구 경과를 돌이켜 봤을 때 논리적 오류는 없었다. '혹시나 하는 마음으로' 마지막에 돌렸던 실험만 없었더라면 논문으로 정리됐을지도 모른다. 물론 어떤 의미에서는 잘못된 논문이지만 과학계로서는 그런 논문이 나오지 않고 마무리됐으니 다행스러운 일이다. 그런데 그로부터 몇 년 후, 그때의 연구에 무엇이 잘못됐는지 알 수 있는 논문이 나왔다. 상상조차 하지 못한 이유였다. 덧붙이자면 역시 그때 후퇴하길 잘했다는 생각이다. 무리하게 논문을 내는 것과 별개로 고집을 부려 연구를 계속했더라면 수렁에 빠져들었을 테니까.

후퇴를 결정할 때는 그 시점의 데이터만을 생각해 원리 원칙에 따르는 직선적 사고를 해야 한다. 결코 인정이나 이익 ─ 이 경우는 실험에 참여했던 사람을 생각하는 온정, 무리해서 논문을 내려는 것 ─ 등을 우선해서는 안 된다. 그러나 후퇴의 고통은 연구 관계자 모두에게 균등히 미치지 않는다. 실제로 실험했던 연구자의 피해가 가장 큰 게 현실이다. 지도자로서는 참으로 미안한 일이다.

4. 전망이 없는, '미래 불안' 연구

'미래 불안' 연구는 '수습 불가' 연구처럼 이미 얻은 '과거'의 데이터를 포기한 것과 달리 앞으로 진행할 연구, 즉 '미래'에 대한 걱정을 이유로 포기한 연구이다. 이런 후퇴를 결정할 때 중요한 점은 연구 진행 시 현실 감각의 유무이다. 다시 말해 연구를 진행했을 때 최대 어느 정도까지의 업적을 이룰 수 있는지, 아니면 반대로 진행이 잘 안 됐을 때 얼마나 비참한 상황을 맞게 될지 확률적으로 추측할 수 있어야 한다.

일정 수준 이상으로 연구가 자리 잡히더라도 마무리까지 4~5년을 잡아야 한다. 따라서 그만큼 앞선 시점의 트렌드를 읽어낼 수 있어야 한다. 물론 앞을 내다보는 일은 지극히 어려운 일이다. 여기서 또 하나 중요한 점은 이 연구를 진행하고자 했을 때 얼마나 많은 인력과 연구비가 들 것인가 하는 문제이다. 시도하지 않으면 엄밀하게 파악할 수 없는 사항이긴 하지만 전망 정도는 세워놓아야 한다.

나는 에피제네틱스(후성유전학) 분야를 전문으로 연구해왔다. 그중 하나가 DNA 메틸화 현상이다. 한마디로 설명하기는 어렵지만, 일단 혈액세포면 혈액세포, 신경세포면 신경세포 각각의 세포에서 나타나는 특이한 유전자의 '게놈 각인'에 관한 연구라고 해두자. 모든 세포로 분화할 수 있는 수정란은 수정 후 바로 게놈 각인 대부분이 완전히 사라진다. 그리고는 각각 세포에 특이한 게놈 각인이 새롭게 나타난다. 그것이 어떻게 생기는지를 밝히는 게 에피제네틱스 연구에서 매우 중요한 문제이지만, 지금껏 수수께끼로 남아 있다.

그런 혈액세포의 게놈 각인 현상이 나타나는 메커니즘을 밝혀보고자 했었다. 연구 과정에서 그럴듯한 결과는 얻었지만, 결정적 결과는 좀처럼 나오지 않았다. 앞으로 최고의 결과를 얻을 수 있다 하더라도 엄밀히 따져봤을 때 여러 명이 붙어 4~5년이 걸릴 것 같았다. 물론 그에 따른 비용은 말할 것도 없었다. 해보고 싶은 마음은 굴뚝 같았으나 연구실 능력으로는 불가능해 보였다. 아깝지만 그때까지 얻었던 '그럴듯한 결과'는 수포가 되었고, 결과적으로 억 단위 연구비가 헛되이 사라졌다.

거금을 매몰 비용으로 날려버렸지만, 경험으로 미뤄보면 무리하게 진행했더라도 결과는 나오지 않았을 것이다. 문제는 아직도 게놈 각인의 메커니즘이 밝혀지지 않은 점이다. 실험 방식 자체는 조금만 궁리하면 알아낼 수 있기에 누군가가 시도한다고 해도 이상한 일은 아니다. 하지만 명쾌한 결과를 얻어내기는 아무래도 쉽지 않을 것이다. 변명 같지만, 수렁에 빠지기 전 후퇴를 결정한 건 잘한 일이었다.

사실 말은 이렇게 하지만, 정말 대단한 주제였던 만큼 적중했더라면 어땠을까 하는 아쉬움은 꽤 남아 있다. 사고가 물러서 그런지 미래를 감안한 후퇴였어도 미련은 계속 남는다. 이에 비해 만회할 수 없다고 하더라도, 지금까지 얻은 데이터를 깨끗이 잊고 매몰 비용으로 처리하고 포기하는 건 쉽다. (이미 파악한) '과거'와 달리 '미래'는 언제까지나 불확정하니까.

5. 역전 가능성이 있었던 '완전 패배' 연구

세 번째로 '완전 패배' 연구를 말해보자. 경쟁자에게 선두를 빼앗긴 후 망설임 없이 바로 후퇴한 케이스이다. 그런데 그렇다고는 해도 이미 얻어놓은 데이터를 버리는 건 왠지 아까운 일이다. 어떻게든 활용해 논문으로 만들어 매몰 비용을 최소화할 순 없을까. 쉽지 않지만, 불가능한 일은 아니다.

왜 그런가 하면, 비슷한 주제의 연구여도 완전히 똑같은 실험을 해온 경우는 많지 않기 때문이다. 연구라는 건 재미있는 구석이 있다. 같은 문제를 푸는 팀이 있다면 그들은 서로 경쟁자인 동시에 함께 헤쳐나가는 동료이기도 하다. 선두를 빼앗겼어도 경쟁팀의 성과를 토대로 한층 실험을 기울인 후 이미 도출한 데이터와 합쳐 한 단계 수준을 높인 논문으로 마무리할 수도 있다.

앞서 언급한 에피제네틱스, DNA 메틸화 연구에서 그런 일이 있었다. 정자에는 정자형, 난자에는 난자형 게놈 각인이 나타나지만, 앞에서 말했듯이 정자와 난자가 결합하면 바로 사라진다. 이런 현상의 분자 메커니즘을 밝히는 연구에서는 '완전 패배'를 했어도 완전 후퇴는 하지 않았기에 새로운 전개로 이어질 수 있었다. 무려 네이처지 논문 게재라는 뜻밖의 결과를 얻은 것이다. 행운이 따르면 링을 바꿔 승리를 거둘 수도 있다.

내가 겪은 일만 예로 들었지만, 이렇게 정리하며 회고해 보니 각각의 후퇴마다 달랐던 측면이 있었고 결과도 크게 달랐다는 걸 새삼 깨닫게 됐다. 내게는 무리라고 생각했던 주제였는데 작정하고 매달려보니 써지긴 한다. 나쁘지 않다.

6. '수습 불가', '미래 불안' 그리고 '완전 패배' 삼박자를 갖춘 국립대학

끝으로 국립대학의 후퇴에 대해 써보려 한다. 2021년, 오사카대학 총장선거에 후보로 나섰던 적이 있다. 총장이 되고 싶었다기보다는 대학 개혁의 필요성을 널리 호소하고 싶었다. 오프라인 선거 활동은 전혀 하지 않고, 온라인상에서 의견을 개진했다. 아쉽게도 지고 말았지만, 많은 응원을 받았고 여러 언론에 소개돼 나름의 의의는 있었다고 생각한다.

2004년 국립대 독립 법인화 이후, 아니 그 전부터 그랬을지도 모르지만 국립대학의 재정은 악화하고 있다. 연구업적 세계 순위도 내리막길을 걸어 지금은 세계 10위로 G7 국가 중 꼴찌다. 여러 이유가 있지만, 한 가지 확실한 이유는 운영비 교부금이나 연구비 등이 충분치 않다는 데 있다.

그런 경비가 전체적으로 줄어든 건 아니지만 거의 동결 또는 소폭 증액 수준에 그치고 있다. 하지만 이제는 세계 톱으로 올라선 중국을 비롯한 선진국들이 대폭 증액하고 있어 상대적으로 감소 폭은 더 크다. 따라서 경쟁력이 떨어지는 건 당연하다. 국가에서 더 늘려주면 좋겠지만 과학입국을 표방하는 일본인데도 그런 움직임은 별로 보이지 않는다. 고령사회에 대응하는 의료와 복지에 돈이 들어가는 상황이라 당장은 현실적으로 바랄 수 없는 게 현실이다.

다른 나라와 비교했을 때 '완전 패배'이다. 세계화에 걸맞은 대학 개혁이라고 부르짖으며 밀어붙인 문부성의 계획도 어느 것 하나 제대로 기능하지 못하니 '수습 불가'. 많은 예산을 바랄 수 없는 것과 별개로 소자화에 적극적으로 대응하는 계획마저 없어 '미래 불안'. 이렇게 내가 그동안 연구에서 후퇴할 수밖에 없다고 판단했던 세 가지 패턴이 겹쳐서 터진 셈이다. 이렇다면 후퇴 말고는 답이 없다.

그러나 대학이 연구에서 손을 떼는 일은 있을 수 없으니 무슨 수라도 써야 한다. 그렇다고 돈이 필요하다고 계속 말해봤자 별반 차이는 없을 것이다. 따라서 적어도 이를 전제로 한 새로운 방침이 필요하다. 총장 선거 당시 여러모로 고민해서 얻은 결론은 돈에서 시간으로 시각을 전환하는 것이었다.

연구 시간이 부족하다는 목소리가 높다. 그래야 대단한 것인 양 시간이 부족하다는 말을 입버릇처럼 내뱉는 사람도 있다. 그래서인지 대학에서 일하는 사람은 바쁜 걸 좋아하는 게 아닐까 싶은 생각이 들 때도 있다. 내가 비뚤어지다 보니 혹시 저 사람들은 스스로 바쁘다고 말하는 게 좋아 억지로라도 시시한 일을 붙잡고 있는 것 같은 느낌마저 든다.

대학이라는 곳은 경직된 조직이라 여러 가지 쓸데없는 일이나 불쉿 잡[9]이 넘쳐난다. 우선 그런 것들을 정리해 자유롭게 사고할 수 있는 시간을 만들어내야 한다. 이를 총장 선거 때 가장 중요한 공약으로 내세웠었다. 마침 그 무렵 도쿄대 요시미 순야(吉見俊哉) 교수도 『대학은 어디로 ─ 미래를 위한 설계』(이와나미신쇼)에서 같은 결론을 내 매우 고마웠다.

7. '불쉿 잡'에서 후퇴하라

그다지 크게 불어날 것 같지 않은 예산을 따내기 위해 신청 서류 작업이니 뭐니 해서 많은 시간을 낭비하고 있다. 더군다나 연구비가 조금 늘어난들 큰 규모의 연구가 가능한 것도 아니다.

---

9) 미국의 인류학자 데이비드 그레이버(David Graeber)가 2018년에 쓴 『불쉿 잡 *bullshit jobs*』에서 말한 개념으로 쓸모없고 무의미한 일자리를 통칭한다.

그런데도 그것만 파고들고 있다. 돈과 시간은 서로 완전히는 아니지만, 어느 정도 상충 관계가 있다고 할 수 있다. 불씻 잡은 줄이면서 동시에 어떻게든 돈까지 얻겠다는 한심한 생각 따위는 던져버리고, 시간을 만들어 내면 어떨까 싶다.

연구에서 무엇보다 중요한 건 아이디어다. 자유롭게 사고할 수 있는 시간이 없다면 참신한 발상은 일어나기 힘들다. 그렇다면 역시 돈보다는 시간 확보가 중요하다. 하지만 아무리 봐도 그런 방향으로는 좀처럼 움직일 것 같지 않다. 예산을 늘리지 않으면 안 된다는 강박과 관성의 힘이 그만큼 크다.

내가 일하는 오사카대학처럼 대규모 종합대학인 일곱 곳 구제대[10]도 상당한 어려움에 직면했지만, 지방대학은 상황이 더욱 심각하다고 한다. 하지만 어느 대학에서도 후퇴의 목소리는 들려오지 않는다. 국립대학법인은 문부성이라는 주군의 후한을 두려워하는 걸까. 아마 후퇴라는 소리를 입에 담으면 벌이라도 받을까 조심하는 듯하다. 그래서인지 후퇴는커녕 문부성이 밀어붙이는 억지스러운 요구도 뼈를 깎는 자세로 받아들여 왔다. 그런데 이제는 더 이상 '깎을 뼈'도 없다는 비명이 터져 나온다.

대학 차원이 아닌 작은 강좌나 연구실도 마찬가지이다. 생명과학 연구는 점점 고액화하고 있어 상당한 연구비를 들이지 않

---

10) 帝大 과거 제국대학을 일컫는 말로 도쿄대, 교토대, 오사카대, 홋카이도대, 나고야대, 규슈대, 도호쿠대가 주요 일곱 곳 국립대학이다.

으면 제대로 된 연구를 할 수 없는 실정이다. 아무리 생각해도 그 정도 연구비만으로는 아무것도 할 수 없어 보이는 연구실이 많다. 그런데도 그런 상황을 밝히거나 연구 중단을 선언한 곳이 있다는 말을 단 한 번도 들어보질 못했다. 어째서일까.

어쩌면 대학에 몸담은 사람은 인내력이 강한 건지도 모르겠다. 그것은 전혀 옳은 일이 아니다. 완전한 후퇴까지는 아니더라도 방향을 크게 바꾸는 전환이 반드시 있어야 한다. 연구는 포기하더라도 교육에 특화한다거나 하는 일부만의 후퇴라면 가능하지 않을까. 대학마다 규모가 달라 모든 대학에 일괄 적용하기는 근본적으로 어려움이 있다. 대학이 풍요를 누렸던 시절에는 어떻게든 되겠지만, 겨울에 접어든 시대에는 대학이 저마다의 특성을 살려 나름의 후퇴 방안을 고안해야 한다. 적어도 이과적으로 딱 잘라 생각하면 그런 방법 말고는 없다. 국립대 대부분은 비교적 이과계 비율이 높을 텐데 어째서 이과적 의사결정을 내리지 못하는지 이해할 수 없다.

관성에 떠밀린 운영에서 후퇴해 새로운 방침을 정하지 못하면 도쿄대학 등 극히 일부의 국립대학법인을 제외하고는 틀림없이 모두 악화할 것이다. 흔히 말하는 '가마솥 개구리' 신세나 다름없다. 이미 늦은 감이 있지만, 서서히 뜨거워지는 가마솥으로부터 후퇴를 해야 한다. 그러지 않으면 죽는 길 말고는 없다.

감정을 떠나 논리적으로 생각해 후퇴가 답이라면 무조건 후퇴해야 한다. 물론 붕괴가 아닌 연착륙을 목표로 삼고서. 뻔한 결론일지도 모르겠지만 이과적 최단거리 사고방식으로는 그렇다. 문과라 해도 비록 접근 방식은 다를지언정 다른 결론이 나올 것 같지는 않다.

'Withdrawal'에 대해서
– 가장 근원적 행동으로부터의 후퇴

미사고 지즈루(三砂ちづる) | 역학자

1. 인구 동태의 변화

이번 후퇴 앤솔러지 기획에 참여해달라는 편집자의 글 속에 다음과 같은 내용이 있었다. 초고령화로 치닫는 일본은 2100년 쯤에 인구수가 지금의 1/3 수준으로 떨어진다는 것이었다. 비관적 전망이지만 최근의 인구 감소 데이터가 가리키는 방향은 그 전망을 뒷받침하기에 충분해 보였다.

내가 접한 최근 자료인 2020년 인구 동태 통계 수치로 미뤄보면, 출생수는 84만 832명으로 5년 연속 사상 최소를 경신하고 있다. 합계 출생률(여성 한 명이 생애 동안 낳을 것으로 예상하는 아이 수)은 1.34명으로 일단 상승세로 돌아섰지만, 지난 5년간 하락세를 보여왔다. 인구 자연 감소는 2년 연속 50만 명을 넘어서 대략 돗토리현 인구(2021년, 약 55만 명)만큼이 사라지고 있다. 지난 5년 동안의 출생아 수 또한 예측과 달리 점점 줄고 있어 감소 국면임을 분명히 알 수 있다.

난 지금까지 여대에서 '건강 교육'이나 '성의학' 또는 '인구론' 등의 강의를 맡아왔다. 강의 내용으로 보나 혹은 수강생의 관심이나 내가 전하고 싶었던 지식으로 봤을 때 소자화와 고령화 문제는 늘 다루고 싶었고 또 다룰 수밖에 없는 주제라 매년 강의 노트를 쌓아왔다.

2015년 강의 노트에는 2015년 6월 5일 자 니혼게이자이신문을 인용한 메모가 있었다. 2014년 인구 동태 통계에 따르면 합계 출생률은 1.42명으로 2005년의 1.26명을 저점으로 9년간 소폭 상승세를 보여 왔지만, 전년보다 0.01포인트 떨어진 수치였다. 또한 여성이 첫 아이를 낳는 평균연령도 30.6세로 만혼과 만산이 더욱 진행돼 출생아 수 100만 명 선 붕괴가 눈앞에 다가와 인구 감소와 소자화에 대응할 대책 마련이 시급하다고 적혀 있었다. 불과 5년 전이지만 그때 이미 출생아 수 100만 명 선 붕괴의 '위기감'을 느낄 수 있었던 기사였다.

2. 코로나 팬데믹으로 가속화한 소자화

실제로 2016년에 100만 명 아래로 떨어졌다. 그 후의 메모에는 2019년 10월 7일 자 니케이비즈니스 속보가 있었는데 후생노동성이 발표한 인구 동태 통계에 따르면 2019년 1월부터 7월까지 태어난 신생아 수는 전년 동기와 대비해 5.9% 감소한 51만 8,590명으로 출생아 수 90만 명 선 붕괴 가능성이 짙다고 전망하고 있었다. 이는 2021년에야 90만 명 선이 무너지리라 예상했던 것보다 2년 빠른 것이다. 지난 2017년, 국립사회보장인구문제연구소는 2019년 출생아 수는 92만 1,000명 정도로, 90만 명 선이 무너지는 건 2021년(88.6만 명)일 것이라고 추계를 내놓은 바 있다.

그런 추계보다 2년 빨리 출생아 수가 뚝 떨어져 2019년에 90만 명 선이 붕괴한 것이다. 2019년 인구동태통계 월보에 따르면 출생아 수는 전년(2018년)보다 5만 3,166명이 줄어든 86만 5,234명으로 조사를 시작한 1899년 이래 최소치이다. 합계 출생률은 전년 대비 0.06% 하락한 1.36명이었다.

1.36명이라니. 1989년 합계 출생률이 1.57명을 찍자 '1966년 '히노에우마'[11]의 해보다 낮은 것 아닌가' '인구 치환 수준이 깨져버리면 앞으로 어떻게 해야 하나' '1.57 쇼크' 등의 말이 떠돌았지만 지금 생각해보면 그건 애교 수준에 불과했다. 인구가 증가도 감소도 없는 균형 상태에서의 합계 출생률을 인구 치환 수

---

11) 히노에우마(丙午)란 화(火) 기운이 강한 병오년(丙午年)을 일컫는데 이 해에 태어난 여자와 결혼하면 일찍 죽는다는 미신으로 병오년의 출생률이 적었다고 한다.

준이라고 하는데 이제는 인구 치환 수준의 수치를 논하는 것 자체가 무의미할 정도로 인구 감소 현상이 나타나고 있다. 지금 이 순간에도.

2021년은 코로나19 팬데믹과 싸워온 한 해로 어떻게 봐도 출생아 수가 줄어들 것이라고 전문가가 아니라도 예측할 수 있다. 출생아 수는 대략 80만 명 정도로 예상한다고 한다. 이제 80만 명 선 붕괴가 눈앞에 와 있다고 해도 과언이 아니다. 현재도 가속화하는 소자화 경향이 코로나 팬데믹 영향으로 더욱 빨라질 것이 분명해 보인다. 아마 훗날 역사책에는 일본의 소자화 경향은 가속도가 붙으면서 계속되다 코로나19 팬데믹으로 신생아 수는 결정적으로 감소했다고 기록되지 않을까 싶다.

예상은 점점 하방 곡선을 그리면서 모두에서 언급했듯이 2100년이 되면 아마도 가장 비관적 수준인, 즉 인구수가 지금의 1/3로 줄 것이다. 인구가 줄고 국력이 쇠퇴한다면 아무리 생각해도 '후퇴'만이 답이다.

3. 피임과 Withdrawal

후퇴를 영어로 쓰면 withdrawal이다. 앞서 언급했듯이 나는 '건강 교육'이라든가 '성의학' 같은 과목을 대학에서 가르치다 보니 withdrawal이라고 하면 바로 피임법, 질외사정이 연상되고 만다. 갑자기 이런 말을 꺼내 미안하지만, 모자보건 업계에서는 질외사정을 영어로 withdrawal 또는 coitus interruptus라고 하는데, 강의에서 가족계획이나 피임이라는 말을 늘 거론해 입에 익은 탓이다. 하지만 중요한 일이라고 생각한다.

피임법에는 WHO(세계보건기구. 신종코로나 팬데믹으로 유명해진 UN 산하 조직)에서 정의하는 '근대 피임법(modern methods)'과 '자연 피임법(natural methods)'이 있다. 이른바 세간에서 피임법이라 하는 건 대부분 근대 피임법으로 '영구적 피임법'과 '일시적 피임법' 두 종류가 있다.

영구적 피임법에는 (일본) 남성들이 흔히 파이프 컷이라 부르는 정관 절제술과 여성의 난관 결찰술이 있다. 모두 한 번 수술하면 원래 상태로 돌아갈 수 없다. 정관 절제술과 달리 여성의 피임 수술은 개와 고양이 같은 반려동물 세계에서는 모를까 인간이 그렇게까지 힘든 수술을 받고 싶을까 하는 생각이 절로 드는 방법이다. 하지만 세상은 넓고 다양한 나라가 있다. 내가 1990년대 십 년간 살았던 브라질에서 난관 결찰술은 여성에게, 특히 기혼 여성 사이에서 인기가 높았던 피임법이다.

당시 브라질 중산층 여성 사이에서 제왕절개 분만은 매우 보편적으로 이뤄졌으며 사설 병원에서 출산하는 90% 이상이 제왕절개였다. 바람직하지 않은 리프로덕티브 헬스[12] 상황이지만, 이 논의는 지금 깊게 다루지 않기로 한다. 여하튼 제왕절개는 아무리 수술을 잘 받더라도 아이 셋 이상은 낳을 수 없게 된다는 사실을 여성이라면 모두 알고 있었다.

그래서 아이는 두세 명으로 정해진다. 둘째를 낳으면서 둘이면 됐지, 하면서 제왕절개 수술 시 의사에게 이왕 개복했으니 난관 수술을 해달라고 부탁한다. 혹은 두 명을 낳은 후 셋째를 출산할 때 받는 사람도 있다. 그렇게 하면 앞으로 피임을 고민할 필요가 없어져 매우 편리하다고 브라질 여성은 생각했던 것이다.

4. 라키아두라[13]를 동경하는 브라질 여성

일본에서 '난관 결찰술'은 평생 한 번도 사용하지 않을 말이겠지만, 브라질 여성은 일상 대화에서 난관 결찰술을 뜻하는 '라키아두라'라는 말을 자주 입에 올린다. 아이 키우는 엄마들 대화 속에서도 들을 수 있다. 내가 브라질에서 두 아이를 키울 때도 그들은 양손으로 '가위'를 만들어 자르는 시늉을 하면서 "이거 아직 안 했어?"라며 종종 묻고는 했다.

---

12) 재생산 건강권 또는 성과 생식에 관한 건강 권리
13) 난관결찰술을 일컫는 포르투갈어 laquiadura.

다시 말해, "아직 라키아두라 안 했어?" 즉 난관을 아직 안 묶었냐고 묻는 것이다. "아니요. 하지 않았어요."라고 하면 "어머! 셋째 계획 있나 봐. 그럼 셋째 낳을 때 같이 해버려. 엄청 편하거든." 중산층 여성, 즉 돈 좀 있는 여성 사이에서는 이런 생각이 일반적이었다. 그렇다 보니 가난한 여성은 라키아두라를 동경했다. '돈이 있다면 나도 했을 텐데'라고 생각하는 것이다.

실제로 지방자치단체장 선거에서 어느 입후보자가 자신을 뽑아주면 라키아두라 수술을 알선해 주겠다(물론 선거법 위반이다)고 했다는 소문이 나돌 정도였다. 브라질 리프로덕티브 헬스를 설명하면서 빈곤층 여성에게 난관 수술이 이뤄졌다는 사실을 비판하는 글을 종종 볼 수 있는데 사실 틀린 말은 아니지만, 돈이 있는 여성이나 돈이 없는 여성 모두 라키아두라를 원하고 있다.

여하튼 이것이 '영구적 피임법'이다. 근대 피임법에는 영구 피임법 말고는 일시적 피임법으로서 경구용 피임약, 콘돔 또는 IUD(Intra-Uterine Device: 자궁 내 장치)가 있다. 세상에서 피임법이라 일컫는 건 대체로 근대 피임법 중 이런 일시적 방법을 말한다.

근대 피임법과 별도로 기구나 약을 사용하지 않는 '자연 피임법'도 있다. 기초 체온을 가늠하는 방식으로 일본에서 '리듬 메소드'라 불리는 자연 피임법은 인기가 높다. 그 밖에 점액을 관찰한다든지 달력으로 월경 주기를 체크해 배란일에는 성관계를 갖지 않는 abstinence(직역하면 금욕이지만), 그리고 모두에서 언급했던 withdrawal(질외사정) 등이 있다. 어떤 방법이든 근대 피임법에 비하면 피임 확률은 훨씬 낮다.

5. 피임을 말할 때가 아니잖아

앞서 말한 것처럼 지금까지 피임과 관련한 내용을 강의해 왔다. 최근에야 겨우 관심을 받고 있지만, 긴급 피임법도 약 20년 전부터 최대한 조심스럽게 수업에서 다루고 있다. 나름대로 학술적 의미도 있지만, 무엇보다 20세 전후의 젊은 여성에게 도움을 주고파 20년 가까이 강의한 것이다. 현재도 고려해야 할 사항이 없지는 않지만, 여전히 염두에 놓고 있으며 앞으로도 수업에서 다룰 예정이다. 아마도 그렇게 할 것 같은데, 최근 4, 5년을 지나면서 이런 피임 얘기가 왠지 헛발질 같다고 느껴지기 시작했다. 혹시 지금은 가족계획이나 피임 같은 얘기를 할 때가 아닌가 싶은 분위기랄까.

우리가 피임을 얘기할 때는 전제가 있다. 인간이란 일정한 나이가 되면 성행위를 하게 된다. 그리고 성적지향은 한마디로 누구와 성행위를 하고 싶은지를 말하는데 이성을 향하는 경우가 가장 많다. 이 말인즉슨 성행위의 결과로 임신 가능성이 생긴다는 의미다. 간단히 말해 나이가 들면 대개 남자와 여자는 서로 섹스하고 싶다는 생각이 들고 또 섹스를 시작하게 된다. 그 결과로서 생기는 임신이라는 상황을 전제로 놓고 피임을 이야기한다.

인간은 문화적으로 여러 가지 복잡한 사정을 안고 살아가며 섹스하는 모든 사람이 임신을 목표로 하지도 않는다. 요컨대 아이를 낳지 않는 이유는 섹스하는 사람만큼 많다고 할 수 있다. 특히 낙태는 여성의 몸이나 마음에 큰 부담을 준다. 그래서 피임이나 가족계획은 이 세상을 위해서나 개인을 위해서 중요하다.

여전히 피임이나 가족계획의 중요성은 유효하다. 그런데 지금 이 나라에는 그 전 단계, 그러니까 섹스를 하지 않는 사람이 늘어나고 있다. 이런 시기에 젊은 세대에게 피임을 말하는 건 뭔가 어긋나는 느낌을 강하게 받는다. 더구나 소자화로 치닫는 상황이라 되도록 아이를 낳았으면 좋겠는데 피임을 말하자니 더욱 그런 느낌이 겹쳐 내가 지금 헛발질하는 게 아닌가 하는 느낌을 받았다는 이야기다.

6. 섹스리스 위기의 일본인

게이오대 명예교수이자 일본산부인과학회와 일본생식의학

회 중진 인사인 요시무라 야스노리(吉村泰典) 선생은 2017년 인터뷰[14]에서 다음과 같이 말하고 있다. "너무나 당연한 이야기지만 아이가 태어나려면 인공수정이나 체외수정 같은 불임 치료를 제외하고는 남과 녀의 성관계, 즉 섹스가 필요하다. 하지만 지금 일본인은 이런 '당연한 것'을 잊고 사는 게 아닌가 싶다. 많은 커플이 불임 상담을 받으러 오지만 그들의 이야기를 잘 들어보면 불임의 원인이 뭔가 병리적 문제에 있는 게 아니라 단지 '섹스리스'인 데 있는 경우가 적지 않다."

'섹스도 하지 않고' 의사에게 "아이가 생기지 않는다."고 말해봐야 의사는 곤란할 뿐이다. 그런 커플에게 "불임 치료를 고려하기 전에 좀 더 섹스할 수 있는 환경을 만들어 보는 게 좋겠어요."라고 조언하는 자체가 왠지 바보 같지만 어쩔 수 없다. 더구나 여성보다 남성이 섹스를 더 싫어하는 경향이 큰 듯하다.

물론 정말로 불임을 고민하는 사람도 꽤 있고, 불임으로 병원을 찾는 출산 연령도 점점 높아지고 있어 불임 치료는 필요한 일이긴 하다. 애초에 섹스를 별로 하지 않기도 하지만 배란일에 맞춰 섹스를 해봐도 임신이 안 되어 불임 클리닉을 찾는 커플도 많다고 한다. 하지만 불임 치료 현장의 의사는 물론 관계자에게 들

---

14) 요시무라 야스노리(吉村泰典)「데이터로 검증한 일본인의 심각한 섹스리스(日本人の深刻すぎる『セックスレス』をデータで検証する)」겐다이비즈니스. 고단샤. 2017년 9/15자. https://gendai.ismedia.jp/articles/-/52873\?imp=0 https://gendai.ismedia.jp/articles/-/52873?imp=0. 원주.

은 바로는 요시무라 씨가 말한 경우가 흔한 게 사실이다.

앞서 언급했던 '성의학' 시간에 강의가 끝난 후 "결혼하고 몇 번 섹스해야 아이가 생기죠?"라는 질문을 받은 적도 있다. "음… 그건 말이지. 결혼한다는 건 함께 살고 싶고, 같이 있고 싶은 사람끼리 같이 살기로 한 거니까 얼굴만 봐도 섹스하고 싶고 그래. 그러니까 피임하지 않고 자주 섹스하면 1년 후쯤 임신하게 된다고 할까. 몇 번을 하면 임신할 수 있다고 말할 수 있는 그런 게 아니야."라고 대답했지만 뭔가 속 시원한 대답을 들은 표정이 아니었다. 그 학생이 과연 내 말을 알아들었을지는 아직도 모르겠다. 임신하기 위해 "오늘은 배란일이니까 잘 해봅시다!"라는 각오로 섹스하는 것이 아닌데 말이다.

요시무라 선생은 같은 인터뷰에서 요즘 젊은 세대는 결혼해도 섹스를 하지 않는, 섹스리스 부부로 살기 때문에 정부가 아무리 소자화 대책을 마련하더라도 인구 감소 문제는 해결할 수 없으며 이대로라면 일본인은 가까운 미래에 모두 섹스리스가 되는 게 아닐지 우려를 표명했다. 아울러 여기서 가장 큰 문제는 정책으로는 해결할 수 없는 점이라고 지적했는데 정말 맞는 말이다.

7. 섹스로부터 후퇴가 진행 중이다

어린이집이 부족하면 만들면 된다. 실제로 많이 생겼다. 산모와 아이에 대한 정책지원을 원활하게 하기 위한 '육아세대 포괄지원센터'도 만들어졌다. 아직 잘 알려지지 않았고, 운영도 미숙한 면이 있지만 앞으로 나아질 것으로 보인다. 하지만 지금은 임신과 출산에 많은 돈을 들여야 하니 부담을 줄여줘야 한다.

아마 이것도 머지않아 정책적으로 지원해주지 않을까 싶다. 산모를 소중히 여길 수밖에 없기 때문이다. 하지만 요시무라 선생의 말을 빌리자면 사람의 호불호나 기분, 성적 취향은 정치가 개입할 수 있는 영역이 아니기에 섹스리스에는 손쓸 방도가 없다. 업무에 쫓기는 젊은 세대를 위해 근무 시간을 줄이거나 휴가를 늘려주고 급여를 인상하는 정책을 펼칠 수는 있겠지만 그렇다고 섹스를 하게 될지는 잘 모르겠다. 그래서 '건강 교육'이나 '성의학' 시간에 피임 강의를 한다는 게 헛발질처럼 느껴지기 시작한 것이다. 브라질 여성은 난관 수술을 원한다고 얘기했지만, 일본에서는 아이를 낳으면 섹스하지 않는 부부가 많은데 난관 수술까지 하면서 피임한다는 이야기도 결국 아귀가 맞지 않는다.

지금 일본에서는 성적 행동, 성관계로부터 withdrawal, 즉 후퇴가 진행되고 있다. 가장 근원적 행동으로부터 후퇴인 것이다.

"남자와 여자가 더욱 사랑했으면 좋겠어." 이것밖에 해줄 말이 없지만 그렇게 말하면 90년대 생 젊은 세대는 그런 구시대적 질척한 연애는 싫다고 말한다. 좋은 본보기가 되지 못한 구세대는 당황해 일단 젊은 세대에게 상냥한 태도를 보이려 한다. 눈빛과 행동 그리고 돈까지. 그리고 다양한 성적 취향을 수용해야 하는 게 아닐까 싶어 안절부절할 뿐이다.

개인의 선택지를 늘린다
- '플랜B'에 대해서

유병광(俞炳匡) | 의료경제학자·의사

0. 일본이 '플랜B'를 선택해야 하는 이유

이 글에서는 일본이 앞으로 '사회 전체적으로 후퇴'할 때 어디를 목표 지점으로 삼아야 하는지, 또 그곳에 이르는 방법은 무엇인지 설명과 함께 제안하려고 한다. 이 글을 읽는 독자라면 새로운 지식을 얻는 것으로 끝내지 말고, 기존의 문제를 바라보는 새로운 시각에 더 관심을 기울이는 계기가 되길 바란다.

먼저 '개인이 선택할 수 있는 직업이나 거주지역의 선택지가 선진국 수준' 정도는 되는 사회를 목표로 후퇴해야 한다고 생각한다. 다시 말해 일본에서 태어나 살아간다는 이유로 개인이 인생에서 선택할 수 있는 중요한 선택지가 적어지는 방향으로 후퇴하면 안 된다는 이야기다.

덧붙여 말하자면 개인의 선택지가 많은 사회를 만드는 방안을 여기서는 '플랜B'로 통칭하고자 한다. 현재 일본에서는 '플랜A'가 지배적인데 '플랜B'와 어떤 차이가 있는지 9개 항목으로 나눠 비교한 표를 보시기 바란다. 이 두 개의 플랜은 많은 지점에서 서로 정반대로 향하고 있다. 그렇다고 내가 플랜A를 전면적으로 부정하는 것은 아니다. 또한 표에서 '정도의 문제'와 '가치·원리의 문제'를 구별하는 게 중요하니 유의해서 봐주시기 바란다.

이미 2021년 출간했던 졸저『일본재생을 위한 '플랜B'』[15]에서 여러 객관적 증거를 들며 플랜A 말고 플랜B를 선택해야 하는 근거를 제시한 바 있다. 여기에서는 지식으로써 그런 다수의 증거를 제시한다기보다 저자로서 내가 가진 독특한 시각을 중점으로 제시하고자 한다.

내 시각이 독특해진 이유는 일본 의사(약 3만 명) 중에서 최초로 의료경제학 박사학위를 취득한 데 있다. 더구나 1995년부터 25년간 미국에서 살면서 다섯 개 대학과 코로나 팬데믹 이후 일본에서도 유명해진 연방정부기관 CDC(질병통제예방센터)에서 의료경제학 연구와 교육에 종사했던 경험까지 있어 더욱 일본 내의 시각과 차이가 나는 관점을 갖게 됐다고 본다.

---

15) 유병광(俞炳匡),『일본재생을 위한 '플랜B'-의료경제학에 의한 소득증대 계획(日本再生のための「プランＢ」- 医療経済学による所得倍増計画)』슈에이샤신쇼(集英社新書) 2021. 원주.

현재 일본에서 지배적인 '프랜A'와 후퇴전에 필요한 '플랜B'의 차이점

	플랜A	플랜B
1-A 구제할 주요 대상자	1%	99%*
1-B 친화성 높은 가치관	권위주의	민주주의, 기본적 인권
1-C 바람직한 정치 제도	중앙집권형 정부	지방분권형 정부, 기본적 인권에 기초한 세계정부
2-A 개념적 목적	승리 우선	패배를 줄인다
2-B 국가(거시적) 차원에서의 목적	고도성장기(메이지시대) 이후 '수출과 기업의 설비투자 증대'	지방(또는 국내)에서 도쿄(또는 국외)로 부의 유출 감소
2-C 개인·조직(미시적) 차원에서의 목적	이윤과 주주 배당 최대화	미래에도 살아남을 사회자본산업에서 안정된 '고용창출'과 '실질임금(또는 생활수준) 향상'을 최대화
3-A 바라는 조직형태	영리기업	정부·민간 비영리조직
3-B 사업 성공 사례	신약 개발 1건에 1조엔 투입해 성공하면 X조엔 이익. 다만 지난 60년 동안 성공 확률은 1/80로 떨어짐.[16]	예방의료 교육 지출 100만 엔 늘리면 지역이 살아나고, 지역 전체에서 약 600만 엔 상당의 경제 파급 효과를 얻는다.[17]
3-C 사업 실패 사례	대규모 자금 빼돌리기, 부정부패의 온상이 될 가능성이 크다.	플랜A에서 나타나는 실패 사례 가능성이 작다.

* 2011년 미국에서 일어난 월가 점령 시위(오큐파이)에서 유래한 용어로 불로소득으로 생활하는 '1% 초부유층'에 포함되지 않는 대다수를 의미한다.

16) 스카넬 JW(Scannell JW) et al. 의약품 R&D 효율성 저하에 대한 진단 연구 (Diagnosing the decline in pharmaceutical R&D efficiency). Nat Rev Drug Discov. 2012;11(3):191-200. 원주.

17) 쓰카하라 야스히로(塚原康博) 「의료 서비스 활동에서 산업·응용 연관 분석의 전개(医療サービス活動における産業·雇用連関分析の展開)」계간 사회보장연구(季刊·社会保障研究)2011;47(2):104-118. 원주.

지금부터 두 개 플랜의 차이를 항목별로 살펴보기로 하자.

1-A 구제할 주요 대상자

플랜B가 대상으로 하는 사람은 전체의 '99%'이다. 여기서 '99%'는 2011년 미국에서 일어난 '오큐파이(월가 점령 시위)' 운동에서 유래한 용어로 불로소득만으로 생활하는 '1%의 초부유층'에 포함되지 않는 대다수를 의미한다.

플랜A는 1%의 초부유층을 구제하려는 시점에서 기묘한 인상을 준다. 하지만 현실적으로 국가나 지자체 차원의 연간 예산 배분 과정에서 '1%'와 '99%'를 위해 어느 정도로 예산을 편성할지 결정한다.

정부의 예산 편성이 말해주듯이 이 항목은 정도의 문제를 말한다. 정도의 문제에서 일본은 지난 30년간 국가 예산을 포함한 자원을 플랜A, 즉 '1%'에게 과잉 배분해 왔다고 생각한다. 왜냐하면 지난 30년 동안 기업의 사내유보금은 쌓여왔지만 이와 달리 예외적으로 일본 노동자의 임금은 오르지 않았기 때문이다.[18]

18) e-Stat 정부통계의 종합창구법인기업통계조사시 계열 데이터(政府統計の総合窓口 法人企業統計調査時系列データ), https://www.e-stat.go.jp/dbview?sid=0003060791 Accessed February 1. 2022.

세계 각국이 영입하려고 쟁탈전을 벌이는 국제적 혁신 인재에게 저임금의 나라인 일본은 선택지 밖에 놓이게 되는 상황이 계속되고 있다. 이렇게 손 놓고 있어도 되는 걸까?

1-B 친화성 높은 가치관

근래 들어 일본의 주류 가치관은 서구에서 멀어지고 있다. 이에 따라 일본의 '99%'는 '개인이 직업이나 거주지를 선택할 때의 선택지'가 줄고 있는데, 이는 일본이 처한 위기 상황을 잘 보여준다.

원래 일본은 기본적 인권에 대한 이해가 서구에 비해 깊지 않다. 내가 25년간 체류했던 미국 사회에서는 기본적 인권을 중시하는 가치관이 구석구석 스며 있다. 기본적 인권을 지키는 일이란 '당신 자신이나 당신의 가족이 받지 않고 싶은 행위를 타인에게 행하지 않는 것'이라고도 정의할 수 있다.

앞서 설명한 1-A는 자원을 배분하는 '정도의 문제'였던 것과 달리 가치관을 말하는 본 항목은 '원리의 문제'이다. 1-A에서 예컨대 누군가 '1%'와 '99%' 사이의 자산 및 소득 격차를 현재보다 줄이기 위해 '10배 이내'가 좋을지 '3배 이내'가 좋을지를 묻는다면 어느 쪽이든 좋다고 답할 것이다. 국민 대다수가 어느 한쪽이든 찬성한다면 '10배로 하느냐, 3배로 하느냐'는 정책상 큰 문제가 아니다.

그런가 하면 서구에서 여성 차별 발언은 어떤 장소에서라도 금지해야 하는 '원리의 문제'로 여긴다. 다시 말해 공공기관에서는 금지하지만, 회사나 학교에서는 허용하는 것처럼 '정도의 문제'가 아니다. 같은 일을 하더라도 남녀 간 임금 격차가 있다면, 그 격차를 당장 해소할 수 없더라도 즉각 격차 없는 사회를 '목표'로 삼을 수는 있다.

이것 또한 유감스러운 일이지만, 젠더에 상관없이 약자 그룹에 속하는 민족이나 인종에 대한 차별을 없애야 한다는 사회적 '목표'에 야유를 퍼붓는 발언이 일본에서 쏟아지고 있다. 사반세기에 달하는 미국 체류 기간 중 기본적 인권에 야유하는 듯한 발언은 직장은 물론 사적 파티 장소에서 단 한 번도 들어본 적이 없다. 물론 미국에서도 다양한 차별이 존재하지만 차별을 없애는 방향으로 나아가려는 사회를 정치인 같은 공인뿐만 아니라 모든 사람이 늘 지향하고 있다. 미국의 경제적 지위가 낮아지고 있다지만, 언제나 이런 이상주의를 명확히 내세우고 있어 전 세계에 걸친 다양한 소수자를 미국으로 향하게 만든다. 나 또한 그런 사람 중 한 명으로 미국 체류 중에 미국 국적을 취득했다.

내가 우려하는 건 현재 일본에서 나고 자란 이들이 서구 각국에서 유학이나 취업을 할 때 '겉으로는 기본적 인권을 존중해도 속으로는 야유하거나 부정해도 괜찮다'는 식의 언동을 펼칠지 모른다는 점이다. 서구의 교육 기관이나 정상적 기업에서 현재 일본을 지배하는 중앙 언론이나 정치인 집단에서 행해지는 차별 발언이나 성희롱이 발생하면 바로 해고될 뿐 아니라 평생 재취업도 할 수 없게 된다. 모두에서 언급했듯이 지난 30년간, 특히 10년 사이에 일본의 지배적 가치관이 '개인이 선택할 수 있는 직업이나 거주지역의 선택지가 줄어드는' 쪽으로 방향을 튼 것은 심각한 문제다.

덧붙여 말하면, 현재 일본과 서구(를 중심으로 하는 국제사회)는 심각한 차이가 있다. 예컨대 일본은 개인을 평가할 때 업무 능력과 윤리적 가치관을 '덧셈'으로 평가한다. 다시 말해 어떤 연구자가 사회적 약자를 향해 차별 발언(윤리적 가치관이 0 또는 -)을 하더라도 노벨상 정도의 연구실적(많은 +)이 있다면 합산해 연구직에 계속 머무를 수 있는 정당성을 얻을 수 있다.

이와 달리 서구의 평가 방식은 '곱셈'이다. 차별 발언(0 또는 -)을 했다면 아무리 높은 연구실적(많은 +)을 냈더라도 곱셈이므로 0 이하가 돼 자신의 대학뿐 아니라 서구의 다른 대학, 정부조직 그리고 기업에서 영구 추방된다. 앞으로 서구뿐 아니라 국제기구나 한국, 대만 사람과 일할 가능성이 조금이라도 있는 사람이라면 이와 같은 인물 평가 방식의 커다란 차이점을 유념해야 한다. '원리의 문제'여야 할 가치관의 차이를 '정도의 문제'로 치환하려는 '일본식 덧셈'은 일본 밖에서 통용되지 않는다.

1-C 바람직한 정치 제도

바람직한 정치 제도에 대해 국내와 국제 두 가지에 측면에서 살펴보기로 하자. 우선 국내정치에서 중앙집권형과 지방분권형 중 어느 정치 제도를 지향하느냐는 정도의 문제로 어느 한쪽이 지나치게 강하지 않도록 해야 한다. 그래야 중앙정부가 기능하지 않을 때 지방정부가 기능함으로써 최악의 사태를 막을 수 있다. 내가 아는 한 이런 '정도의 문제'에서 균형을 맞추는 데 성공한 나라는 미국이고, 실패한 나라는 일본이다. 일본의 실패 원인은 지방정부의 힘이 너무 약한 데 있다.

일본에서 지방분권형 제도를 강화하기 위해서는 지방자치체의 재정을 강화할 필요가 있다. 졸저『일본재생을 위한 '플랜B'』에서 상세한 데이터를 바탕으로 일본과 미국을 비교 설명했듯이 일본 소비세 제도의 최대 과제는 지방자치체의 몫을 늘리는 일이다. 현재 소비세 제도에서는 중앙정부가 10%의 소비세 중 4분의 3이상(7.8%)을 지방정부에서 걷어 간다.

더구나 주민이 지역의 지자체 서비스 향상을 위해 새로운 세금 추가를 원하더라도 현행 제도로는 지자체가 독자적으로 새로운 지방세를 걷기란 지극히 어려운 일이다. 또한 중앙정부는 중앙정부에 비판적 태도를 취하는 지자체에 지방교부세·교부금(이 중 일부는 지방에서 걷힌 소비세) 규모를 멋대로 줄이는 이른바 '보급로 차단' 카드를 갖고 있다. 이런 상황인지라 이주지로서 특색있고 매력적인 지역이 생겨날 가능성은 적을 수밖에 없다. 결과적으로 일본 안에서 거주지를 찾을 때의 선택지가 적어졌다.

한편 국제정치와 관련해 경제학자 미즈노 가즈오 선생과 대담한 적이 있는데, 팬데믹에 대응할 실효적 대책을 실시하려면 세계정부가 필요하다고 논의한 바 있다.[19] 팬데믹은 전 세계에 걸쳐 거의 동시에 부정적 영향을 끼치는 점에서 '외계인 침공'과 비슷하기에 현재 국민국가 틀을 넘어서는 세계정부를 실현하자는 국제여론이 높아질 가능성이 크다.

앞에서 서술한 국내 중앙집권 또는 지방분권의 '정도의 문제'와 달리 기본적 인권과 민주주의에 기초한 정부를 지향할 것

---

19) 「데모크라시 타임즈(デモクラシー・タイムズ)」 '밑바닥의 일본을 재건하다(どん底ニッポンを立て直す)'(제7회) '자본주의의 종언~ 일하는 99%의 풍요로운 삶을 위해(資本主義の終焉〜働く99%の豊かな生活のために)' https://youtu.be/I-Yxa9ERbrg. 원주.

인지 아니면 권위주의를 기반으로 한 세계정부를 지향할 것인지는 '가치의 문제'이다. 기본적 인권을 중시하는 가치관 아래에서는 강한 쪽이 약한 쪽에게 조금 더 양보한다. 개인 차원의 교섭뿐 아니라 국가 차원의 외교 교섭도 마찬가지다. 미국과 외교 협상을 벌이는 약소국은 의외로 미국으로부터 많은 양보를 얻어내는 경우가 적지 않다. 물론 외교이기에 미국이 일방적 양보를 하지는 않지만, 예컨대 약소국에게 '2'만큼의 양보를 얻기 위해 미국은 '3'을 양보하는 식이다. 미국은 +2와 -3이 되니 결과적으로 약소국에서 양보하는 셈이다.

그런데 권위주의적 가치관에 기초한 외교 협상에서는 강대국이 약소국에 일방적으로 많은 양보를 강요하기 때문에 교섭은 난항을 겪는다. 국가 간 협상뿐 아니라 개인 간 협상에서도 권위주의를 기반으로 한 교섭을 당연시하는 사람이 일본에 적지 않은 게 유감스러운 일이다. 이런 협상 방법을 취하는 한 세계정부 실현을 위한 교섭에서 주도권을 쥐기는 어려울 것이다.

2-A 개념적 목적

개념적 목적은 말하자면 메이지 시대 이후 일본이 일관되게 목표로 삼았던 '승리를 늘리는 일'이다. 『일본재생을 위한 '플랜

B'』에서 지난 30년 동안 일본 기업과 정책이 플랜A의 국제 시장에서 패배를 거듭하고 있음을 상술한 바 있지만, 일본은 앞으로 한방 역전을 꿈꾸며 패배를 계속 늘려 나가기보다는 패배를 줄이는 쪽으로 사고 회로를 바꿀 필요가 있다. 다행히 선대의 노력 덕분에 일본에는 아직 풍부한 경제적·제도적·인적 자원이 남아 있는데, 이런 자원이 줄어드는 속도를 줄이는 데 주력해야 한다.

2020년부터 전 세계에 고통을 주고 있는 코로나19 팬데믹 관련 정책에서도 '패배를 줄이는' 사고 회로가 필요했었다. 팬데믹 발생 후 사망자 수와 확진자 수 줄이기를 최우선 정책 목표로 삼았어야 했다. 하지만 안타깝게도 경제 성장률을 최대로 끌어올리는, 즉 '승리를 늘리는' 일을 최우선으로 여긴 결과, 막을 수 있었던 사망자나 감염자 수가 늘어난 것으로 추측된다.

2022년 1월 현재 시점에서도 팬데믹은 끝나지 않았다. 이 시점에서 내가 무엇보다 우려하는 일은 미래 일본의 혁신을 담당할 우수 인재의 국외 유출이다. 감염병 전문가를 자처하는 사람이 너도나도 경제 성장을 우선하는 정책을 추종한 결과, 과학적 증거가 왜곡되고 국제 표준에서 멀어지는 허술한 팬데믹 대응이 지금껏 일본에서 계속되고 있다. 그런 전문가의 행동에 실망한 일본 (특히 젊은) 두뇌집단 과학자의 유출은 상상하기 어렵지 않다.

인재 유출을 막는 일은 '패배를 줄이는' 구체적이면서도 긴급한 과제이다. 항상 의문인 게 일본에서 미래 인구 감소를 예측할 때 '풍요롭고 안심할 수 있는 외국'으로 일정 비율의 사람이 이주하는 시나리오는 전혀 상정하지 않는 점이다. 무엇보다 혁신을 담당할 우수 인재가 외국으로 이주한다면 개발도상국 사례에서 봤듯이 일본 사회제도 자체가 크게 퇴보할 가능성이 있다.

바꿔 말해 미래 일본 인구가 양적 측면뿐 아니라 질적 측면에서도 얼마나 저하될지 발생할 수 있는 '최악의 시나리오'를 예측해 놓아야 한다는 이야기이다.

일본의 심각한 여성 차별에 정나미가 떨어진 여성 과학자는 이미 코로나19 팬데믹 이전부터 대거 외국을 향하고 있다. 예컨대 해외에서 일하는 일본인 자연과학 연구자 2만 4천 명 중 여성은 60%를 차지한다. 이는 일본 내 여성 자연과학 연구자 비율 10%의 여섯 배에 달하는 높은 수치이다.[20] 여성이라는 이유로 여성 과학자에게 경력을 한정시키는 나라에 미래가 있을까.

---

20) 잭 그로브(Grove J). '남성 지배'에서 벗어나기 위해 일본을 떠나는 야심찬 여성 과학자들(Ambitious female scientists leave Japan to escape 'male domination': Women find cultural attitudes impede their career advancement, says university leader) 2014; https://www.timeshighereducation.com/news/ambitiousfemale-scientists-leave-japan-to-escape-male-domination/2016177.article. Accessed January 31, 2022. 원주.

2-B 국가(거시적) 차원에서의 목적

2-B는 앞서 서술한 2-A의 구체적 예이다. 고도성장기처럼 제조로 '수출(승리)을 늘리는' 일은 이미 어려운 일이 됐다. 이런 현실을 직시하고 '수출과 기업의 설비투자 증대'를 목적으로 하는 플랜A에 과도한 자원 배분을 멈춰야 한다.

패배를 줄인다는 사고의 전환으로 '지방(또는 국내)에서 도쿄(또는 국외)로 부의 유출을 줄이는' 경제 체제로 이행해야 한다. 일례로 '수입(패배) 감소'를 위해 되도록 국산화를 목표로 해야 한다. 특히 코로나19 팬데믹 과정에서 인식했듯이 의료·식료품·에너지 같은 사회 유지에 필수적 분야는 단기적 비용 절감 차원이 아니라 광의적 차원에서 국가 안보 유지를 위해 국내 생산분을 강화해야 한다.

그러나 안타깝게도 코로나19 팬데믹에 대처할 수 있는 백신을 개발하고 대량 생산할 수 있었던 곳은 미국, EU, 중국, 인도 등 4대 경제권뿐이었다. 앞으로 일본이 독자적으로 백신을 개발해 대량으로 생산할 가능성은 작아 보인다. 따라서 ⓐ지리적·문화적으로 가깝고, ⓑ정치·경제 제도가 유사하고 ⓒ앞의 4대 경제권에 속하지 않은 점에서 일본과 공통점이 많은 한국·대만과 깊은 협력 관계를 맺어 백신뿐만 아니라 치료제나 검사 기기를 함께 개발하고 생산해야 한다. 앞에서 언급했던 세계정부 실현

전단계로서 유럽연합처럼 일본·한국·대만은 동북아시아 경제 공동체 설립을 준비해야 한다.

2-C 개인·조직(미시적) 차원에서의 목적

이것 또한 2-A의 구체적 예이다. 플랜A는 개별 영리기업의 이윤과 주주 배당 최대화를 목표로 한다. 이와 달리 플랜B는 앞으로도 살아남을 사회자본산업에서 안정된 '고용창출'과 '실질임금(또는 생활 수준)' 향상 최대화를 목표로 삼는다.

사회자본산업이란 주로 의료·돌봄·교육·정부기관을 말한다. 모두 국내 수요가 사라지지 않기 때문에 지방에서도 미래에 살아남을 게 확실한 산업이다. 그런데 현재 일본은 지방경제를 쇠퇴시키고 대도시 특히 수도권에 인구를 더욱 집중시킬 것 같은 정책을 펼치고 있다. 한 예로 후생노동성은 지난 2019년, 공립병원(시정촌 등이 운영)과 공적병원(일본적십자사 등이 운영)의 25% 이상에 달하는 전국 424개소 병원을 지정 공표하고 재편과 통합을 요구하고 있다(니혼게이자이신문, 2019년 9월 26일).

424개 병원을 선택한 근거가 되는 분석 자료라는 게 내가 볼 때 시각이 매우 좁고 공공정책이 취할 데이터로서 미흡해 보인다. 다시 말해 분석 관점은 개별 병원의 경영(흑자 또는 적자액)에 지나치게 편중돼 있다. 적자를 기준으로 한다는 것은 병원을 축소 또는 폐쇄할 때 해당 지자체의 고용이나 인구, 세수가 급격히 감소할 수 있다는 가능성을 전혀 상정하지 않는다는 사실을 의미한다. 어떤 지자체는 병원 직원으로부터 걷히는 해당 지자체 주민세가 세수의 1/3을 차지한다는 보고가 있다.[21] 나는 이런 사례를 뒷받침하는 연구에 종사하고 있는데, 공공 의료기관은 사회자본산업을 근간으로 하는 지역 경제사회의 유지와 연명에 도움을 준다고 생각한다.

3-A 바라는 조직 형태

비영리조직에는 중앙·지방 정부기관과 민간 비영리조직(많은 병원과 진료소)이 있다. 민간 영리기업과 가장 중요한 차이점은 비영리조직은 사업 수입을 '조직 외 주주'에 배당하는 것을 금지하고 있는 점이다. 조직 외 주주 배당은 조직이 자리한 지역(또는 일본)에서 도쿄(또는 국외)로 부가 유출될 가능성이 있다. 따라서 플랜B는 되도록 사회자본산업에서 비영리조직의 역할을

---

21) 미야자와 아야코(宮澤綾子), 「의료법인 경영과 세금에 관한 고찰医療法人の経営と税金に関する考察」 도쿄의과치과대학대학원 의료정책학코스 석사논문(東京医科歯科大学大学院医療政策学コース修士論文); 2021. 원주.

크게 만들려고 한다.

3-B 사업 성공 사례

플랜A는 '신약 개발 1건에 1조 엔을 투입해 성공하면 X조 엔의 이익을 얻는다'는 식의 비즈니스 계획을 세우는 경향이 있다. 하지만 예컨대 미국에서 신약 개발로 성공하기 이전에 미국 정부로부터 효능과 안전성에서 인가받을 확률은 과거 60년 동안 같은 투자액일 경우 '1/80' 이하로 떨어졌다.[22] '환자의 건강'을 위해서라면 리스크·불확실성이 너무 높은 신약 개발 대신 투자할 곳이 얼마든지 있다.

예컨대 보건사[23]·영양관리사가 담당하는 예방의료교육에 지출을 100만 엔 늘리면 지역경제 순환이 일어나 최종적으로 지역 전체에 약 600만 엔의 경제적 파급 효과를 얻는다는 보고가 있다.[24] 예방의료교육에 지출하는 것도 '환자의 건강'을 위한

---

22) 스카넬 JW(Scannell JW) et al. 의약품 R&D 효율성 저하에 대한 진단 연구(Diagnosing the decline in pharmaceutical R&D efficiency). Nat Rev Drug Discov. 2012;11(3):191-200. 원주.

23) 일본 「보건사조산사간호사법」(보조간법)에 따라 후생노동대신의 면허를 받아 보건사의 명칭을 사용하여 보건지도에 종사하는 것을 업으로 하는 자.

24) 쓰카하라 야스히로(塚原康博) 「의료 서비스 활동에서 산업·응용 연관 분석의 전개(医療サービス活動における産業·雇用連関分析の展開)」 계간 사회보장연구(季刊·社

일이지만 투자회수율이 낮다는 이유로 영리기업은 관심을 보이지 않는다. '잘되면 투자회수율이 10배 이상으로 커지는 신약 개발'에만 몰려드는 영리기업에 '환자의 건강'은 우선 과제가 아닌 듯하다.

3-C 사업 실패 사례

사업 실패 요인으로 자금 빼돌리기나 부패 등을 들 수 있는데, 대규모 자금을 빼돌릴 가능성은 기업 비밀을 내세워 정보공개를 거부하는 경향이 있는 플랜A의 영리기업 쪽이 훨씬 크다. 또한 정부 보조금 규모가 커지기 쉬운 플랜A는 부패의 온상이 될 가능성도 크다. 이런 가능성을 줄일 수 있는 것도 플랜B 비영리조직의 강점이다.

지금까지 플랜A와 플랜B를 비교해봤다. 독자분들이 기존의 문제를 새로운 시각으로 바라볼 기회가 됐을지 모르겠다. 일본은 바람직한 방향으로 후퇴전을 전개할 수 있도록 가능한 한 빨리 사고 전환을 이뤄야 한다. 근거는 없지만 앞으로 남은 시간은

会保障研究)2011;47(2):104-118. 원주.

5년 정도라고 나는 보고 있다. 앞으로 코로나19 팬데믹 대응에 실책이 이어진다면 남은 시간은 더욱 짧아질 것이다. 한정된 시간을 조금이라도 늘리고 경착륙을 피하려면 플랜B를 제발 고려해주시길!

지극히 사적인 후퇴론

히라카와 가쓰미(平川克美) | 문필가·카페 운영

1. 왜 후퇴는 어려울까

"이러지도 저러지도 못하는 진퇴양난. 에라 모르겠다."

드문 일이지만 사람이 살다 보면 궁지에 몰리기도 한다. 대부분은 그런 지경이 되기 전에 자세를 가다듬고 다시 시작하는 걸 선택한다. 원래 인간에게는 그런 방어기제가 있기 때문이다. 그런데도 사람은 종종 불꽃으로 뛰어드는 나방처럼 절망적 행동을 보인다.

사실 파멸을 향해 돌진할 만큼 인간은 용맹한 동물이 아니다. 원래 겁이 많은 존재다. 누구라도 그런 생각을 하겠지만, 실제로 후퇴는 그리 쉬운 일이 아니다. 용기가 없어 후퇴하지 못한다. 후퇴의 책임을 추궁당하느니 옥쇄를 선택하는 불합리한 선택을 하고 만다. 바로 떠오르는 장면 하나는 1944년 3월, 일본제국 육군이 개시한 임팔 전투다. 보급을 무시한 정신무장으로 인도에 주둔 중인 영국군 거점 기지를 차지하기 위해 벌인 이 작전은 사전에 신중론도 있었고, 여러 차례 돌아갈 기회가 있었음에도 후퇴하지 않았다. 작전에 참여한 장병 대부분이 사망했는데 그 수는 16만 명에 달한다. 당시 무타구치 렌야(牟田口廉也) 중장은 초반에는 신중론을 펼치기도 했지만, 사령관이 되면서 방침을 바꿔 보다 모험적이고 위험한 작전을 고집해 나갔다.

역사상 이런 실패 사례는 나 같은 문외한이 참견할 여지가 없을 정도로 수많은 연구자가 상세히 그 요인을 분석해 놓았다. 예컨대 무사안일주의, 투하 자본 집착, 장군 개인의 야심, 무언의 동조 압력, 허술한 전망, 엉터리 검토 등. 이런 실패의 반복이 인간의 역사라고 말해 버리면 그만이지만, 실제로 장군으로서 그 자리에 섰을 때 나라면 냉정한 판단으로 후퇴를 선택할 수 있었을까. 지난 일에 관해서는 어떤 이야기라도 할 수 있다. 그러나 비정상적 고양감과 절망에 빠진 공동체의 분위기라면 개인의 냉철한 판단을 쉽게 허락하지 않았을 것이다. 그런 상황에서 냉철하고도 합리적 판단을 내릴 때의 어려움은 사후 평가와 별도로 검토해야 한다. 따라서 후퇴전에 자신을 계산해 넣지 않으면 거의 의미가 없는 일이라고 생각한다.

일찍이 요시모토 다카아키(吉本隆明)는 공동 환상과 대(對) 환상이라는 말로 이 문제를 설명한 적이 있다. 공동 환상에서 가치관과 대환상이나 개인 환상의 가치관은 종종 도립(倒立) 관계로 나타난다. 무슨 말인고 하면 비근한 예로 전철 안에서 어떤 커플이 '애정 행각'을 하고 있다고 치자. 이런 광경은 사회적 규범 또는 공동 환상의 가치관으로 볼 때, 공공 공간에서 남녀가 은밀한 행위를 벌이는 건 볼썽사나운 일로 윤리적으로나 도덕적으로나 용서할 수 없는 행위로 여겨진다. 이것이 바로 공동 환상을 지탱하는 공동체의 가치관이다. 반면, 연인 사이의 가치관에서는 공동체의 가치관은 거의 의미가 없다. 두 사람은 솔직한 애정 표현을 했을 뿐이다. 타인의 눈을 의식하지 않는 '애정 행각'이야말로 애정의 가치관에 따른 행동이며 그 커플은 부끄러워할 필요가 없는 합리적 행위라고 생각할 것이다. 일반론에 따라 부연한다면 이처럼 공동체의 가치관과 개인의 가치관은 때때로 도립 관계가 된다.

이제부터 중요한 대목이다. 나라를 위해 죽는 건 미덕이지만, 적 앞에서 도망치는 건 수치스러운 일로 비겁한 자나 하는 짓이라는 공동체의 가치관 안에서 개인으로서 살아남기를 택해 온갖 수모를 당하는 어려움은 그런 도립 관계가 가장 첨예하게 드러난 장면으로 나타난다.

공동체의 실패를 아무리 치밀하고 합리적으로 반성한다 해도 개인의 합리성과 공동체의 합리성은 도립 관계라는 사실을 염두에 놓지 않고서는 "결과론적으로는 누구라도 옳은 말을 할 수 있다."는 비판을 뛰어넘을 분석이 나올 수 없다. 적어도 나는 납득하기 어렵다. 제3자라면 무엇이든 말할 수 있다. 결과론이라도 상관없다. 자신의 감정이 녹아 있지 않다면 공동체와 개인의 가치관이 충돌하는 문제는 드러나지 않는다.

"불가사의한 승리는 있지만, 불가사의한 패배는 없다."『죠세이시켄단(常静子劍談)』에서 무술가 마쓰라 세이잔(松浦静山)은 말한 바 있지만, 야구 명감독 노무라 가쓰야(野村克也)는 이 말을 자주 인용했다. 운이 좋아 이겼다고 말할 수는 있어도, 운이 나빠 패했다는 말은 용서할 수 없다는 의미로 쓰인다. 나는 이것보다 '승패는 시운(時運)'이라는 말이 더 적절하다고 생각하지만, 어느 쪽이든 결과론을 말한다는 사실에는 변함이 없다. 이런 결과론이 의미 있는 경우란 전쟁이든 체스나 장기 같은 게임이든, 아니면 야구나 축구처럼 승패가 명확히 갈리는 사건이다. 그런 까닭에 나 같은 사람은 사람의 인생을 승패만으로 논하는 일에 저항감을 느낀다.

승패에 집착하지 않는다면 패배는 지는 게 아니다. 미래를 위한 하나의 과정이며 경우에 따라서는 보다 풍요로운 미래에 이르는 필수 과정이 되기도 한다. 상처를 최소화하기 위해 멈추고 빠져나오는 후퇴를 선택하는 건 분명 합리적 행동이지만, 그런 경우 후퇴 자체도 공동체의 가치관에 따라 패배로 치부될 것이다. 하지만 지금이 패배할 때라면 패배한다. 문제는 패배의 방법이다.

2. 혼자만의 후퇴전

후퇴라고 간단히 말하지만, 그것이 무엇을 가리키고 있는지 후퇴의 결심에는 어떤 정신적 각오가 따르는지를 따져봐야 한다. 또한 타인에게 후퇴를 선택하게끔 강요하는 현실이나 후퇴 후 어떤 풍경이 펼쳐질지도 마찬가지다. 그러한 일에 대해 내가 말할 수 있는 것은 지금까지 70년을 살아오면서 단 한 번 경험한 개인적 사건이다.

'실패학' 차원이라면, 여러 가지 '만약'의 상황을 돌아볼 수 있다. 그때 만약 조금 더 기다렸더라면. 만약 악천후만 아니었다면. 만약 장비가 조금 더 있었다면. 만약 조금 더 재정적으로 여유가 있었다면. 만약 조금 더 병참을 확보했더라면. 이런 '만약 조금 더' 같은 한탄은 최종적으로 결과가 좋았다면 곱씹을 일이 없는 '조금 더'일 뿐이다.

2016년 6월, 나는 회사의 빚을 모두 갚고 15년째 이어온 '리눅스카페'를 접었다. 전적으로 개인사에 해당하지만, 그 당시 내 안에서 어떤 일이 일어났는지 말해보고자 한다. '리눅스카페'가 어떤 회사였는지는 아래 위키피디아에 올라온 글로 대신한다.

원래는 도쿄 치요다구가 전 소유주에게 무상으로 양도받은 '(구) 시모지마 빌딩'이었다. 2001년 5월, 해당 건물을 오픈 소스 OS인 '리눅스' 보급 및 IT 비즈니스 거점으로 활용하는 '리눅스카페 프로젝트'가 치요다구 공모에 선정돼 구 시모지마 빌딩은 '리눅스 빌딩'으로 이름을 바꿨으며 1층에는 카페도 함께 운영했다.

1층 카페는 간토 지방을 본거지로 전국에 걸쳐 사업을 펼치는 카페 체인 '프론토'와 제휴한 '리눅스카페(Linux Cafe Di PRONTO 아키하바라점)'였다. 2층은 일반 사용자들이 정보를 교환하고 발신하는 '펭귄빌리지(통칭 펭귄마을)'로 꾸미고, 또 초보자부터 상급자까지의 폭넓은 사용자층을 대상으로 IT 관련 세미나와 강좌 등을 개최하는 공간으로 사용했다. 다른 층에는 IT 벤처 창업팀을 입주시켜 아키하바라 산업육성을 지원하는 데 공헌했다.

'리눅스카페'는 아키하바라를 방문하는 사용자라면 누구나 부담없이 리눅스를 체험할 수 있는 공간으로 2001년 12월 5일 오픈했다. 점포 이용자라면 무료로 컴퓨터나 PDA를 이용할 수 있었으며 무선인터넷을 제공하는 등 첨단 설비를 갖추고 있었다.

리눅스카페는 내가 경영을 맡았던 비즈니스카페재팬의 벤처 창업 육성 프로젝트로 탄생한 회사이다. 치요다구의 아키하

바라 유휴시설 사용 안 공모에 선정된 게 일의 시작이었다. 공모 기획안은 내가 만들었지만, 대표 자리에는 내가 아닌 비즈니스 카페재팬의 다른 임원이 취임했다. 오픈 소스 프리 소프트웨어 비즈니스로 돈을 번다는 게 절망적일 만큼 어려운 일이라는 사실을 잘 알고 있었지만, 임대 수입과 이벤트 또는 치요다구와의 협력사업 등으로 어떻게든 이어나갈 수 있겠다 싶었다.

그런데 막상 사업을 시작하니 번번이 자금난이 따라다녔다. 몇 년 후 회사는 은행 대출을 받아야 했는데, 당시 사장은 보증인이 되기를 주저해 어쩔 수 없이 자의 반 타의 반으로 내가 사장을 맡게 됐다. 아마 그때가 사업 후퇴의 첫 번째 기회였을지도 모르겠다. 치요다구 공모에 당선한 프로젝트이고, 언론에도 꽤 소개된 터라 그 시점에서 후퇴는 고려 대상이 아니었다. 당시 나는 6명 정도 됐던 직원 앞에서 "앞으로 회사는 큰 어려움을 겪게 될 거야. 어쩌면 급여 지급이 늦어질 수도 있어. 그러니까 이번 참에 그만둘 사람은 말리지 않겠어. 내가 가능한 선에서 재취업을 주선해줄게. 만약 그래도 끝까지 같이 가고 싶다면 허리띠를 졸라맬 각오가 필요할 거야."라고 꽤 비장하게 말했던 것으로 기억한다.

돌아보면 내가 그런 말을 할 수 있었던 데에는 아직은 어떻게든 될 것 같은 여유와 다시 일어설 자신이 있었던 게 아닐까 싶다. 실제로 당시에 후퇴라는 선택지는 내게 없었다. 후퇴했더라면 분명 손해를 입지 않았겠지만, 거기서 멈추고 정리한 후 다음 기회를 노리는 게 과연 맞는 선택일지를 놓고는 주저했다.

처음부터 나의 패배에는 내가 그동안 지켜온 미학은 없었다. '미학'이라는 말이 맞을지 모르겠지만, 여기서 패배를 받아들이고 후퇴하는 건 뭔가 잘못된 선택이라고 생각했다. 결과적으로 후퇴전은 그로부터 8년이라는 긴 시간을 이어갔다. 그 세월 동안 직원과 동료의 응원을 받기도 했지만, 그때 8년은 혼자서 폭풍우에 맞서는 것 같은 시간이었다.

3. 벤처 창업가의 우울

나는 리눅스카페를 유지하기 위해 새로운 사업을 시작했고, 비용 절감을 위해 사무실 이전과 인원 감축(가장 괴로웠던 일이었다)을 해나갔다. 이처럼 실낱같은 희망을 안고 후퇴전을 벌였던 10년 사이, 비즈니스를 둘러싼 환경은 어지러울 정도로 변해갔다. 2011년 동일본대지진이 발생하자 우리는 리눅스 빌딩(리눅스카페가 관리·운영해오던 치요다구의 유휴 건물)에서 나와야 했다. 빌딩이 지진에 취약하다고 판단한 치요다구가 우리에게 연내 퇴거를 명한 것이다. 원래 10년 계약으로 시작한 프로젝트라 예정대로 해도 계약 종료 시점이긴 했지만, 우리는 치요다구와 10년 더 계약을 연장할 계획이었다. 그래서 집까지 담보로 잡아 은행에서 수천만 엔을 빌려 재정비를 준비했던 것이다. 사실 그때는 은행 융자를 위해 아파트를 담보로 넣는 게 두고두고 내 발목을 잡으리라고는 생각하지 못했다. 왜 이렇게 물러터졌냐고 말해도 할 말이 없지만, 그때까지도 어떻게든 될 것이라는 자신감 같은 게 있었다.

하지만 동일본대지진으로 지자체는 일제히 낡은 시설 철거를 위한 검토 작업에 들어갔다. 그리고 그 여파는 우리 회사에까지 미쳤다.

갈 곳 잃은 우리는 리눅스 빌딩에 입주해 있던 회사의 도움으로 그 회사가 옮겨간 사무실 한쪽을 저렴한 가격으로 쓸 수 있게 됐다. 얼마 전까지만 해도 리눅스 빌딩의 임대인으로서 입주 회사로부터 들어오는 임대 수입이 있었는데, 회사를 옮기고 나니 임대 수입이 끊겼을 뿐 아니라 월세라는 비용 지출이 더해졌다. 아무리 저렴하다 해도 우리의 재출발은 처음부터 큰 난관이었다.

지진 이후 경기는 침체 국면에 접어들었다. 활황이었던 건 토목·건설업뿐으로 후쿠시마에서는 건설 거품 양상마저 보였지만, 그 외 서비스업, 요식업, 여행, IT 등은 장기 디플레이션 상태가 계속됐다. 그 시기에 많은 약소 벤처기업은 우리와 마찬가지로 고전을 면치 못했고, 빚으로 연명하는 회사도 늘어났다. 얼마

지나지 않아 우리는 리눅스카페를 제외하고 운영하던 회사를 통합해 이케가미선이 지나는 도쿄 외곽의 임대료가 저렴한 곳으로 이전했다. 당시에 나는 에바라나카노부(荏原中延)에 작은 카페를 열었던 터라 카페 근처로 이사한 것이었다. 하지만 그 월세마저도 아까워 바로 카페 2층으로 사무실을 옮겼다.

우리가 리눅스카페를 시작한 2000년대 초반은 일본에서 벤처 붐이 한창일 때였다. 컨설턴트나 유명한 학계 교수들은 연신 벤처 창업에 목소리를 높였고, 언론은 주식 상장으로 거부가 된 기업인을 시대의 영웅으로 추켜세우는 기사를 내보냈다. 그러나 실제로 대성공을 거둔 회사는 한 줌에 불과했고, 벤처기업 대부분은 시대의 격랑을 넘지 못해 빚투성이가 된 채 사라져갔다.

2000년대 들어 많은 창업가와 알고 지냈고, 2004년에는 실리콘밸리에 회사를 만들어 벤처 창업을 지원하는 프로젝트에 참여했기 때문에 잘 알고 있다. 실제로 그때 알고 지내던 창업가 중 다섯 명이 자살했다. 그 외 아는 사람 중 자살을 선택한 사람은 없었지만, 그들은 창업이 얼마나 위험한 선택인지를 알리고 싶었던 것 같다. 그런 사실을 당시 신문이나 잡지에서 접할 수 없었지만, 나는 그들의 선택을 이해할 수 있었다. 고작 빚 때문에 그런 선택을 했느냐고 말할지 모르겠지만, 경영자는 매일 밤 열병에 가위눌리듯 상환할 방도가 없이 늘어만 가는 빚에 시달린다.

나처럼 천성이 무던한 사람도 갚을 길 없는 빚 때문에 잠 못

이룬 적이 많았다. 합리적으로 생각하면 경기가 하향 곡선을 그릴 때 빚을 내서는 안 되는 게 맞지만, 사업을 계속하려면 어쩔 수 없이 차입에 의존하게 된다.

경기가 하향세에 접어들면 은행도 대출이 줄어 저렴한 금리의 대출 상품을 꾸려 판매에 나선다. 나 또한 경기가 호황이었던 20대 시절에 창업해 모은 돈으로 산 아파트를 담보로 수천만 엔에 이르는 융자를 받았다. 우상향 곡선을 그렸던 시대에 차입 경영으로 실적을 냈던 경영자일수록 금리가 낮을 때가 융자의 기회라고 생각하기 쉽다. 그러나 실제로는 저금리야말로 적신호라는 걸 망각한다.

4. 회사를 접는다는 것

우여곡절 끝에 마지막으로 도착한 장소의 면적은 최초 아키하바라의 빌딩과 비교해 거의 1/5 정도 규모였다. 사업도 1/5 수준으로 축소해야 했지만, 그렇다고 인건비나 월세 같은 고정비까지 1/5로 줄일 수는 없어 경영은 더욱 악화했다. "대표님. 자금이 바닥났어요. 어쩌죠?" 경리팀 K군의 보고는 매달 같은 패턴이었다. 그때마다 나는 돌려받을 가망성이 없는데도 적금 통장을 깨 회사에 돈을 꿔주는 형태로 자금을 투입했다.

그 당시 은행과 정부에서 받은 대출 총액은 1억 엔 수준으로 불어나 있었다. 내가 갖고 있었던 자산 합계도 그 정도 됐는데, 그 돈은 27세에 창업해 꾸준히 모아 온 전 재산이었다. 그런 수중의 현금을 매월 회사에 투입하다 보니 자산 균형이 깨져 파산 말고는 다른 방법이 없었다. 벼랑 끝에 내몰린다는 게 어떤 건지를 알 수 있었다.

"그래. 빚을 다 갚고 회사를 정리하자." 마침내 나는 회사를 청산하기로 결심했다. 우선 집을 매물로 내놓았다. 아파트 매각 대금에 정기예금까지 해약해 차입금 전부를 갚을 심산이었다. 다행히 아파트의 새 주인이 나타났다.

한편, 나는 회사를 청산하기 전부터 사유제를 비판적 시각으로 고찰하는 글을 써오고 있었는데, 청산은 그간 글에서 얘기한 바를 실제로 실행할 좋은 기회가 될 것 같았다.

물론 모든 금융자산을 잃으면 앞으로 생활은 '하루 벌어 하루 살기'식이 될 것이다. 한 줌의 원고료와 연금으로 살아가야 한다. 하지만 고희를 앞둔 나로서는 바로 지금이 삶의 방식을 바꿀 적기라고 생각했다. 그때까지 나는 미시마샤라는 출판사에서 비즈니스와 삶을 축소하면서도 잘살아가려면 어떻게 해야 좋을지를 말하는 『소상인의 길을 가라(小商いのすすめ)』『소비를 그만두다('消費'をやめる)』같은 책을 내왔다. 근래에는 『21세기 타원환상론(21世紀の楕円幻想論)』이라는 책을 쓰면서 빚이란 무

엇인지 내 나름대로 답을 찾아왔다. 간단히 말하자면 '빚이란 결국 등가교환(청산)의 유예로 갚지 않는 한 빌린 자와 빌려준 자는 지배 관계에서 벗어날 수 없다'는 내용을 담고 있다. 실제로 빚은 훗날 얻게 될 재산을 당겨쓰는 것으로 미래 어느 시점에서 빚의 청산(등가교환)이 이뤄지기 전까지 채무자는 채권자와의 지배 관계에서 벗어날 수 없다. 이렇게 말하면 당연한 소리 아니냐고 말하겠지만, 채무자와 채권자라는 지배 관계 속에 갇혀 있었던 내게는 살아 있는 감각으로 다가온다.

등가교환이라는 사고방식과 대척을 이루는 지점에는 증여교환이 있다. 사회 발전단계로 보자면, 인구가 늘어나고 경제가 활성화해 기업이 성장해 가는 단계(자본주의 발전단계)에서는 등가교환이 사회적 방식으로 위력을 발휘하게 될 것이다. 뭉뚱그려 말하자면 주식회사라는 시스템이 이 세상에 나타난 후의 역사가 이를 증명하고 있다. 주식회사는 미리 지출한 돈이 장차 불어나 돌아올 것이라는 믿음에서 생겨났다. 그런 예상대로 되려면 현재 지불한 돈의 가치가 미래에는 금리만큼 상승해야 한다. 또한 리스크 프리미엄까지 붙어 돌아와야 한다. 만약 현재 투자한 자본이 장래에는 마이너스 금리로 줄어든다면, 애초에 주식회사는 성립할 수 없다. 원리적으로만 따지자면 사회는 우상향 곡선을 그리며 발전한다는 패러다임이 주식 투자의 조건이라 하겠다.

등가교환의 지연(빚)은 주식회사 시스템의 변주다. 처음부터 채권자와 채무자 모두 동의할 수 있는 방식으로 빚은 고안됐다. 빚은 미래 어느 시점에선가 채권자에게도 채무자에게도 유리한 조건으로 청산되리라고 내다봤다. 그러나 사회경제가 정체돼 금리가 한없이 제로에 가까워지거나 마이너스 상태가 된다면 빚은 갚을 수 없게 될 가능성이 커진다.

이런 상황을 몸소 겪어 오면서 지금이 바로 모든 빚을 한번에 갚을 기회란 걸 깨달았다. 모든 자산을 현금화해 변제 절차를 밟았다. 그리고 그 결과, 말 그대로 무일푼 빈털터리가 됐다. 그 사건은 앞으로 계속될 내 삶과 사고방식에 큰 변화를 가져왔다.

하루하루를 버텨가던 터라 생활비를 아끼기 위해 우선 스바루 임프레자를 팔았다. 매월 나가던 주차장 요금과 기름값 등 자동차 유지비가 사라졌다. 구독하던 몇 개의 신문도 끊었다. 인터넷으로 정기구독하던 것들도 해지했다. 방을 차지했던 책도 내가 운영하는 '토나리마치 카페'에 기증했다. 매일같이 카트에 책을 가득 싣고 카페로 옮겼다. 방에 대략 종이박스 100개만큼의 공간이 새로 생겼다. 일 년 동안 입지 않았던 옷은 버리거나 중고품 가게에 내다 팔았다.

그러다 보니 왠지 미니멀리스트 같은 삶의 길을 걷게 됐지만, 그렇다고 내가 딱히 사상적으로 미니멀리즘의 삶에 관심을 가졌던 건 아니었다. 단지 하루 벌어 버티는 삶을 살아가야 했기에 부득이하게 절약할 수밖에 없었다는 이야기다.

그렇게 난 하루 벌어 하루 사는 삶을 시작했다.

5. 후퇴는 패배나 도피가 아닌 패러다임의 전환

나의 새로운 삶.

그것은 빚을 털기 전 생각했던 삶과 매우 달랐다. 상상 이상
으로 시원하고 쾌적했다. 빚이 사라진 일상이란 얼마나 정신적
부담이 없는 삶인지 몸으로 느낄 수 있다는 게 놀라웠다. 이럴
줄 알았으면 진즉 회사를 접고 하루 벌이 삶을 살아갈 걸 그랬
다. 도대체 왜 나는, 그토록 힘들게 사업을 끌어갔을까. 왜 사업
후퇴에 거부감을 느꼈던 것일까. 이제 결론으로 들어가 보자.

나는 서두에서 요시모토 다카아키의 말을 인용해 공동체 가
치관과 개인의 가치관이 도립 관계란 것을 언급한 바 있다. 요시
모토는 그것을 공동 환상과 대환상이라는 독특한 언어로 설명
했는데, 내가 사업에서 후퇴를 주저한 이유가 요시모토식으로
말하자면 공동 환상의 주술에서 벗어날 수 없는 데 있었던 게 아
닌가 싶다. 현실적으로는 내 안에서 서로 모순되는 두 가지 가
치관이 부딪히고 있었다는 얘기인데, 개인 안에서는 언제나 그
런 상반된 가치관이 다투고 있다. 공동의 이념과 지극히 사적인

욕망의 이항 대립이라고 생각해도 좋다. 나는 『21세기 타원환상론』에서 하나다 기요테루(花田淸輝)[25]를 예로 들면서 내 안에 있는 서로 다른 두 가지 초점을 어떻게 보는 게 좋을지를 서술한 바 있는데, 쉽게 말해 패배를 인정하기 싫었던 것이다. 당시 내 안에는 사업에서의 후퇴는 싸움에서 진 개로 낙인찍혀 꼴사나운 모습을 보이게 되는 것이라는 마음과 남의 눈 따위는 신경 쓰지 말고 바닥부터 삶을 다시 일으켜 좀 더 편안하게 살고 싶은 마음이 동시에 존재했다. 벤처 창업을 지원하는 일도 하고 있던 터라 스스로 사업에서 꼬리를 말고 도망치는 건 치욕이라고 여겼던 마음도 있었을 것이다.

지금은 사업 후퇴가 단지 자신이 도전했던 세계에서의 패주가 아니란 걸 알고 있다. 다시 말해 하나의 도전에서 도주는 또 하나의 다른 도전을 뜻한다. 중요한 건 후퇴는 가느냐, 마느냐의 양자택일 문제가 아니라는 점이다. 양자택일을 자신에게 강요했던 기존의 세계관과 전혀 다른 세계관으로 패러다임 전환을 이루는 일을 의미한다.

'경쟁에서 협력으로'라고도 말할 수 있는데, 이런 말이 현실감 없는 이상론처럼 들리는 이유는 거기에 책임의 주체가 보이지 않는 데 있다. 그래서 나는 좀 더 구체적 실천을 위해 거처를

---

25) (1909년~1974년) 작가, 평론가.

'사유에서 공유'로 옮겨야겠다고 생각했다. 처음에는 빚을 갚기 위해 반강제적으로 사유재산을 몰수당한 모양새였지만, 그것을 기회로 오히려 자진해 필요 없는 사유물을 매각해 생활비에 보탰다. 책과 책장도 공유 공간에 기증했다. 대신 공유지의 장점을 최대한 활용하려고 했다. 예컨대 목욕은 대중목욕탕, 식사는 일반 음식점, 일은 카페에서 하는 식이다. 막상 해보니(사실은 단지 빚을 갚고 하루 벌어 하루 사는 삶이 시작된 것이지만) 그때까지 봐왔던 광경이 전혀 다른 모습으로 보인다는 사실에 새삼 놀랐다.

자신의 성을 쌓는 일은 전후 일본인의 꿈이었다. 그러나 그 과정에서 사람이 살아가는 데 필요한 것 이상의 소비를 하게 됐다. 언론이 전하는 대량의 식품 폐기나 갈 곳 없는 쓰레기더미가 증명하고 있다. 만일 삶에서 필요한 몇 가지 아이템을 공유할 수 있다면 생활비 지출을 꽤 아낄 수 있으며, 자신의 성을 지키기 위해 해야 했던 일도 줄일 수 있다. 하지만 그만큼 타인의 힘을 빌리거나 자신 또한 타인을 돌봐야 한다. 하루하루 살아간다는 건 다른 사람과 함께 사는 것이라 할 수 있다. 고립된 채로 하루 벌어 살아가기란 어려운 일이다.

지금까지 나의 후퇴전을 둘러싼 지극히 개인적 체험을 적어봤다. 마지막으로, 다른 시각으로 바라본 현재 일본 사회에 대한 사견을 밝히고자 한다.

나의 개인적 체험을 바탕삼아 일본 사회라는 커다란 주제를 말하는 게 적절한지는 잘 모르겠다. 다만 나의 체험에서 하나의 깨달음도 얻을 수 없다면, 그것은 현재 시스템이 만들어낸 말이나 가치관의 지배를 받기 때문이다. 시스템의 전환을 이루는 게 어렵다고 생각하는 한 후퇴는 어렵다고 본다.

예를 들어 자본주의 경쟁원리를 전제로 경제 성장이나 인구 감소 문제를 바라보면, 당연히 경제 성장은 반드시 이뤄내야 할 일이고, 인구 감소는 풀어내야 할 숙제라는 결론에 이르게 된다.

"복지국가? 한마디로 부드러운 공산주의 아냐? 아니면 약자의 떼쓰기를 받아주는 거지. 하지만 세상은 그리 만만치 않다고!" 당연히 그런 기분도 들 수 있다.

따라서 문제는 경쟁원리 그 자체를 대신할 수 있는 원리가 어떤 세계를 만들어 갈 것인지, 거기에는 어떤 희망과 함정이 기다리고 있는지, 리얼리티가 살아 있는 이미지로 보여줄 수 있느냐이다. 그렇지 못한 이미지라면 경쟁원리에서 봤을 때 그저 싸움에 진 개의 울부짖음이요, 이상론이자 탁상공론으로 여겨질 것이다. 원리를 변경한다는 건 그런 것이다.

하지만 내가 경쟁원리에서 내려선 지점의 모습은 그 전까지 생각해왔던 것과 전혀 달랐듯이, 실제로 자유 경쟁, 자기 책임, 자기계발, 세계 경쟁 같은 사고방식과 대척을 이루는 세계는 아마 생각했던 바와 완전히 다른 모습일 거라고 확신한다. 내가 서 있는 세계의 원리에서 벗어나 다른 원리의 언어로 생각할 수 있다면 이미 다른 삶의 방식으로 살아가기 시작한 것이다. 시인 다니가와 간(谷川雁)은 "먼저 이미지부터 바꿔라."라고 했다. 이미지를 바꾼다는 건 단지 목표나 착지점을 변경하는 게 아니라 현재 유통하는 사고방식이나 말투 자체를 바꾸는 일이나 다름없다.

'후퇴'를 화두로 돌아보는 현실

조희정 | 더가능연구소 부대표

'문제 은폐'가 아닌 현실 직시하기

『한 걸음 뒤의 세상: '후퇴'에서 찾은 생존법』은 '후퇴'를 화두로 제시한, 사상가 우치다 타츠루의 질문에 다양한 분야의 전문가들이 답한 글 모음집이다. 정치, 경제, 법학 사상가뿐만 아니라 의료, 영화, 음악, 연극, 도서관, F&B, 생명과학, 역학, 문학 분야의 현장에서 활동하는 전문가들이 생각하는 일본 사회의 현실 문제를 다루고 있다.

일종의 '위기'에 대한 접근법으로 볼 수 있는 '후퇴론'은 전진의 반대 의미로서 '앞으로 나아가지 말고 후퇴하자'는 말이 아니다. 그보다는 발전이 아닌 후퇴 현상이 심화하는 현실을 이야기해보자는 의미다. 즉, '나아가지 말고 되돌아가자'가 아니라 잘 나아가기 위해서는 문제가 반복되는 현실을 제대로 보고,

문제 발생 원인과 다양한 해법 가능성을 살펴보는 일이 중요하다고 강조한다.

매우 당연하고 상식적인 주장이지만 현실에서는 매우 실천하기 어려운 주장이다. 일례로 지역 현장을 방문하며 연구하다 보면 지역 주민이나 공무원에게 '이 지역의 문제는 뭔가요?'라고 질문하는 자체가 매우 큰 결례라는 이야기를 종종 듣는다. 문제를 거론하는 자체가 문제 있는 지역이라고 인정하는 것이기 되기 때문에 그런 질문을 싫어하고 꺼린다는 것이다.

그렇게 감추고 꺼린다고 문제가 해결되는 것은 아니라는 사실을 모두 안다. 그리고 세상 어디든 문제없는 곳은 없다. 그러나 대부분 벌거벗은 임금님에 나오는 아이만큼도 솔직하지 않다.

'사회적 관성'은 본질을 향한 솔직한 접근을 은폐하려는 경향이 짙다. 문제를 직시하고 공론화하기보다는 각자도생하며 어떻게든 견디는 쪽이 차라리 낫다는 개인적 해결법이 만연해 있다. 그러나 대부분의 문제는 개인의 문제라기보다는 구조 설정부터 문제인 경우가 다반사다.

후퇴 현실

이 책을 읽으면서 역시나 우치다 타츠루 선생다운 접근법이라는 생각에 빙긋 웃고 말았다. 직설적이고 명쾌한 문제 지적이 통쾌하기까지 했다. 다른 필자들 역시 우치다 타츠루 선생의 질문에 같은 톤으로 호응한다.

일본의 전후 역사, 코로나19 위기, 문학예술 창작, 귀촌·귀농 환경, 벤처 창업 현장의 경험을 토대로, '어쩌구 저쩌구 하는 되지도 않는 합리화에 몰입하지 말고 본질적인 문제해결을 강구해야 한다'는 메시지를 힘 있게 묘사한다.

특히 위기를 빌미로 나타날 수 있는 전체주의 가능성, 인구 감소에 대해 집중과 분산뿐이라는 해결법의 의미, 트럼프뿐만 아니라 아베 정부를 선택하는 과정에서 나타나는 정치문화의 쇠퇴 현상, 감염병 종사자들이 목표로 하는 세상은 감염병 없는 세상이 아니라 바이러스에 적절히 대응하는 세상, 귀촌한 영화감독이 느끼는 (도시에서는 체감하기 어려운) 자연의 시간, 직진하는 문명의 시간과 다른 인간 외 모든 생물의 순환성, 소수를 선택하는 플랜A가 아니라 다수를 소중히 하는 플랜B의 중요성, 양자택일 패러다임에서 전혀 다른 패러다임으로의 전환 필요성 등 중요한 현장 메시지를 전한다.

내가 정하는 발전 기준과 삶의 의미

발전에는 기준이 있다. '~보다 나은'이라는 의미를 전제한다. 오늘보다 나은 내일, 현재보다 나은 미래를 전제로 한다.

첫째, 발전을 이야기하려면 내일과 미래를 논하기 전에 오늘과 현재에 대한 깊은 성찰이 있어야 한다. 문제가 있다면 그것은 내일과 미래의 문제가 아니라 오늘과 현재의 문제이기 때문이다.

둘째, 오늘과 현재의 문제는 어느 날 갑자기 나타나는 것이 아니다. 그 문제는 어제와 과거로부터 차곡차곡 누적된 것일 확률이 높다.

셋째, 발전을 이야기하려면 발전 기준을 정하는 주체에 대해 살펴보아야 한다. 내가, 국가가, 사회가 정한 기준에 따를 가능성이 높은 기준들이지만 이제까지는 다분히 내가 아닌 타자가 정한 기준이었던 적이 많다.

넷째, 발전을 달성하는 방식에 대한 성찰도 필요하다. 남보다 나아지기 위해, 사회에서 우수한 사람이 되기 위해, 더욱 거창한 성과를 과시하기 위해 비교하고 경쟁하는 삶, 그 과정에서 소통, 상생, 지속가능이라는 가치는 좋은 의미지만 공허한 의미로 뒤편으로 밀려났다.

다섯째, 결국 '왜?'를 이야기하는 것이 자연스럽게 받아들여지는 사회 분위기가 필요하다. 발전 강박과 헤어질 결심이 필요하다. 무엇보다 사회 병증을 인정해야 한다.

아이러니하게도 이 책에 나오는 논의들은 '일본'이라는 고유명사를 지우고 그 자리에 '한국'이라고 넣어도 전혀 위화감 없이 이해할 수 있다. 다른 나라의 같은 현실이라는 게 기가 찰 지경이다. 잘 사는 것은 언제나 중요한 과제다. 많은 것의 병증이 깊어지고 희망보다 절망이 심화하는 이 시대에 행복과 낙관을 위한 실천 과제를 제시하고 있는 점, 불편하고 힘들더라도 '지금'을 잘 성찰하면서 나아갈 수 있는 시각을 제시하는 점, 그리하여 새롭게 잘 사는 방향을 제시하는 점에서 이 책은 매우 유용한 내용을 아주 많이 제시하고 있다.

언제나 우치다 타츠루 선생의 뾰족한 문제의식을 응원한다.

저자 소개

___

우치다 타츠루(内田樹)

1950년생. '거리의 사상가'로 불리는 일본의 철학 연구가, 윤리학자, 번역가, 칼럼니스트, 무도가. 도쿄에서 태어나 도쿄대 문학부 불문과를 졸업한 뒤 에마뉘엘 레비나스를 발견해 평생의 스승으로 삼고 프랑스 문학과 사상을 공부했다. 도쿄도립대를 거쳐 고베여학원대학에서 교편을 잡고 있다가 2011년 퇴직하고 명예교수가 되었고 현재는 교토 세이카대학의 객원교수로 있다. 「우치다 타츠루의 연구실」이라는 블로그를 운영하고 있고 현재까지 공저와 번역을 포함해 100권이 넘는 책을 펴냈다. 주요 저서로 『망설임의 윤리학』『레비나스와 사랑의 현상학』『아저씨스러운 사고』『푸코, 바르트, 레비스트로스, 라캉 쉽게 읽기』『사가판 유대문화론』(고바야시 히데오 상 수상) 『하류 지향』『로컬로 턴』 등이 있고 정신적 스승인 에마뉘엘 레비나스의 『곤란한 자유』『초월, 외상, 신곡-존재론을 넘어서』『폭력과 영성』『모리스 블랑쇼』 등을 번역했다.

홋타 신고로(堀田新五郎)

1965년생. 도쿄 출신.
교토대학 법학부 졸업. 고베대학 대학원 법학연구과 박사 후기과정 수료. 현재 나라현립대학 부학장·지역창조연구센터장. 전공은 정치사상사. 세상의 굴레와 조직의 역학은 바꿀 수 없다는 사고로부터 후퇴학을 시작. 매일 생활 습관 개선을 다짐하지만, 좌절 중. 공저로 『강의 정치사상과 문학』이 있다.

사이토 고헤이(斎藤幸平)

1987년생. 도쿄대학 대학원 총합문화연구과 교수. 베를린 훔볼트대학 철학과 박사과정 졸업. 박사(철학). 전공은 경제사상, 사회사상. 『마르크스의 생태사회주의-자본, 자연, 미완의 정치경제학 비판』으로 일본인 최초, 역대 최연소로 '도이처 기념상' 수상. 그 밖에 저서로 『지속 불가능 자본주의』『인신세의 자본론』 등이 있다.

시라이 사토시(白井聡)

1977년 도쿄 출신. 와세다대 정치경제학부 정치학과 졸업. 히토츠바시대 대학원 사회학연구과 총합사회과학 전공. 박사(사회학). 사상사, 정치학 연구. 교토세이카대학 교수. 저서로는 『영속패전론』『전후 일본의 이해』『사쿠라 진다』『삶의 무기가 되는 자본론』 등이 있다.

나카다 고(中田考)
1960년생. 이슬람 법학자. 튀르키예 이븐 할둔대학 객원교수. 와세다대학 정치경제학부 중퇴. 도쿄대학 문학부 졸업 후 카이로대학 대학원 문학부 철학과 박사 취득. 1983년부터 이슬람교를 믿기 시작했고 무슬림 명은 핫산. 저서로는『이슬람 생과 사 그리고 성전』『13세부터 세계 정복』『70세부터 세계 정복』『내 여동생은 칼리프일 리가 없다!』『탈레반 복권의 진실』등이 있다.

이와타 겐타로(岩田健太郎)
1971년 시마네현 출생. 시마네 의과대학(현 시마네대학 의학부) 졸업. 고베대학 도시안전연구센터 감염증 리스크 커뮤니케이션 분야 및 의학연구과 미생물 감염증학 강좌 감염치료학 분야 교수. 저서로는『코로나와 살아간다』『신종 코로나바이러스의 진실』『내가 PCR 원리주의에 반대하는 이유』외 다수.

아오키 신페이(青木真兵)
1983년생. 사이타마현 우라와시에서 자랐다. 인문계 사설도서관 '루차·리브로' 큐레이터. 고대 지중해사(페니키아 카르타고) 연구자. 2014년부터 실험적 인터넷 라디오 '오므라이스 라디오'를 송출하고 있다. 2016년부터는 나라현 히가시요시무라에 거주. 현재 장애인 취업지원 활동을 벌이면서 대학 등지에서 강사로 일한다. 저서로는『山學노트』가 있고 아내 아오키 미아코와 함께 쓴『피안의 도서관 우리의 이주 형태』등이 있다.

고토 마사후미(後藤正文)
1976년 시즈오카현 출생. 일본의 록밴드 '아시안 쿵푸 제네레이션'의 보컬과 기타를 맡고 있으며 곡 대부분을 직접 쓴다. 'Gotch'라는 이름으로 솔로 활동도 하며 새로운 시대와 미래 사회를 생각하는 신문「THE FUTURE TIMES」의 편집장을 맡고 있다. 저서로는『얼어붙은 지능』『얼마든지 괜찮다고 노래해』등이 있다.

소다 가즈히로(想田和弘)
1970년 도치기현 출생. 영화감독. 도쿄대학 문학부 종교학과 졸업. 뉴욕 '스쿨 오브 비주얼 아트' 졸업. 시나리오와 나레이션, 배경 음악을 쓰지 않는, '관찰 영화'라고 스스로 명명한 다큐멘터리 방법을 제창해 작업하고 있다. 작품으로는「선거」「정신」「peace」「연극1」「연극2」「굴 공장」「항구 마을」「The Big House」「정신 제로」등으로 다수의 해외 영화제에서 수상.

와타나베 이타루(渡邊格)
1971년생. 도쿄 히가시야마토시 출신. 23세 시절 헝가리 체재. 25세에 지바대학 원예학부 입학. 농산물 유통회사를 거쳐 31세에 제빵을 배우기 시작. 2008년 지바현 이스미시에서 직접 만든 효모와 국산 밀을 사용한 빵집 '타루마리' 개업. 10대 펑크밴드 시절 익힌 DIY 정신으로 점포 인테리어 공사를 직접 했다. 2011년 오카야마현으로 이전 후 천연 누룩균 채취에 성공한다. 2015년 돗토리현 지즈초로 다시 이전 후 빵 기술을 응용해 야생균으로 발효한 맥주를 개발했다. 저서로는 『시골빵집에서 자본론을 굽다』 『천연균에서 찾은 오래된 미래』 『시골빵집에서 균의 소리를 듣다』가 있다.

와타나베 마리코(渡邊麻里子)
1978년생. 도쿄 세타가야구 출신. 도쿄농공대학 농학부 졸업. 농산물 유통, 농산물 가공 회사를 거쳐 2008년 지바현 이스미시에서 빵집 '타루마리'를 개업. 경영과 판매를 맡는 실질적 대표. 2011년 동일본대지진 후 오카야마현으로 이주. 2015년에는 돗토리현 지즈초로 다시 이주 후 빵뿐 아니라 맥주 양조와 카페 사업을 병행. 2023년에는 숙박 사업을 추가했다. 한편, 지즈초 로컬기업 경영자들과 연대해 지역자원을 활용한 마을만들기 활동을 펼치며 장기 체류형 관광 실현을 추구하고 있다. 저서로는 『천연균에서 찾은 오래된 미래』 『시골빵집에서 균의 소리를 듣다』가 있다.

히라타 오리자(平田オリザ)
1962년 도쿄 출생. 극작가, 연출가. 예술문화관광전문직대학 학장. 국제기독교대학 재학 중 극단 '청년단'을 결성하고 희곡과 연출을 담당했다. 희곡으로는 기시다 구니오 희곡상을 받은 『도쿄 노트』가 대표적이며 아사히 무대예술상 그랑프리를 차지한 『그 강을 넘어, 5월』, 쓰루야 난보쿠 희곡상을 수상한 『일본문학 흥망사』 등이 있다.

나카노 도오루(仲野徹)
1957년 오사카 출생. 오사카대학 의학부 졸업. 내과 의사에서 연구자로 전환. 유럽 분자생물학연구소, 교토대학 등을 거쳐 오사카대학 대학원 의학계 연구과 교수. 2022년 퇴직 후 칩거 중. 전공은 생명과학. 저서로는 『에피제네틱스』 『무서운 줄 모르는 병리학 강의』 『큰 병 없는 삶』 『모두에게 알리고 싶은 감염증 이야기』 『몸과 병의 구조』 등이 있다.

미사고 지즈루(三砂ちづる)
1958년 야마구치현 출생. 효고현 니시노미야시에서 자랐다. 교토약과대학 졸업. 런던대 박사(역학). 쓰다주쿠대학 다문화·국제협력학과 교수. 저서로는 『여자에게 고향은 필요 없다』 『마귀할멈이 되어가는 여자들』 『여자가 여자가 되는 것』 『소녀를 위한 성 이야기』 등이 있다.

유병광(兪炳匡)
1967년 오사카 출생. 홋카이도대학 의학부 졸업 후 국립오사카병원에서 임상 연수. 1997년 하버드대학 석사(의료정책·관리학), 2002년 존스홉킨스대학에서 의료경제학으로 박사 취득 후 미국질병통제예방센터(CDC)와 미국 3개 대학에서 연구와 교육에 종사. 2020년부터는 가나가와현립 보건복지대학에서 교수로 재직 중.『일본 재생을 위한 플랜B』를 썼으며 그 밖에 논문과 저서 리스트는 https://www.bkyoo.org에서 볼 수 있다.

히라카와 가쓰미(平川克美)
1950년 도쿄 출생. 문필가. '토나리마치 카페' 점주.1975년 와세다대학 이공학부 기계공학과 졸업 후 우치다 타츠루와 번역 회사 '어반 트랜스레이션' 설립. 1999년 실리콘밸리에서 Business Cafe Inc. 설립에 참가했으며 2014년에는 도쿄 에바라나카노부에 '토나리마치 카페'를 오픈했다.『고양이 마을로 돌아가다』『골목길에서 자본주의의 대안을 찾다』『21세기 타원환상론』『공유지를 만들다』등 다수의 책을 썼다.

옮긴이 박우현
로컬 기획자로 일하며 편집자, 역자, 저자로도 활동한다. 저서로는『커피는 원래 쓰다』(이스퀘어, 2011) 역서로는『전후 일본의 이해 - 만화로 보는 영속패전론』(이숲, 2018)『로컬로 턴』(이숲, 2022)이 있다.

한 걸음 뒤의 세상 : '후퇴'에서 찾은 생존법

1판 1쇄 발행일 2024년 5월 1일
지은이 | 우치다 타츠루 외 15인
옮긴이 | 박우현
펴낸이 | 김문영
펴낸곳 | 이숲
등록 | 2008년 3월 28일 제406-3010000251002008000086호
주소 | 경기도 파주시 책향기로 320, 2-206
전화 | 031-947-5580
팩스 | 02-6442-5581
홈페이지 | www.esoope.com
페이스북 | www.facebook.com/EsoopPublishing
인스타그램 | @esoop_publishing
Email | esoope@naver.com
ISBN | 979-11-91131-71-0 03330
© 이숲, 2024, printed in Korea.